ESTE LIBRO PERTENECE A :

. . . .

. . . .

. . . .

. . . .

. . . .

. . . .

COLOR TEST PAGE

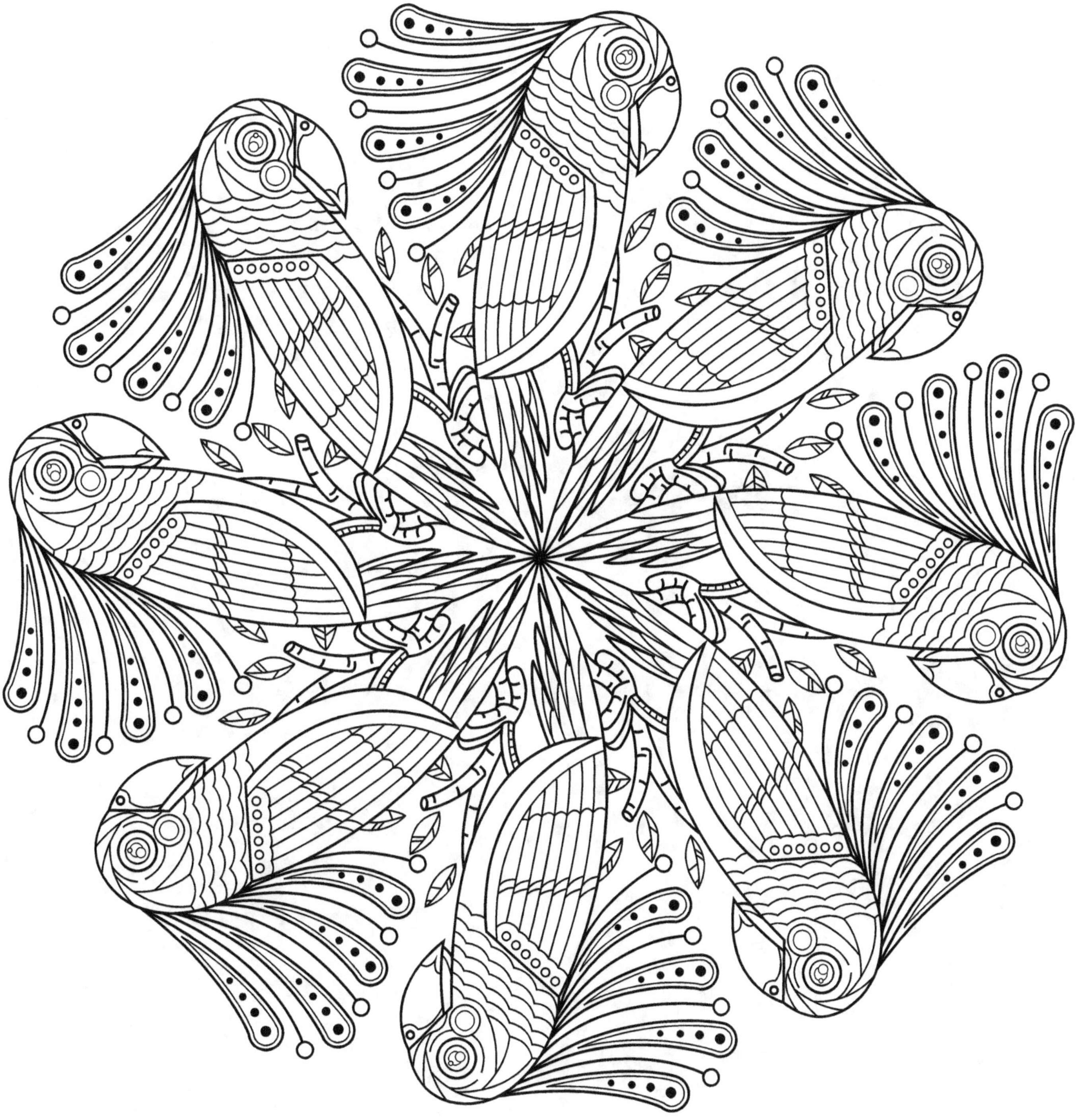

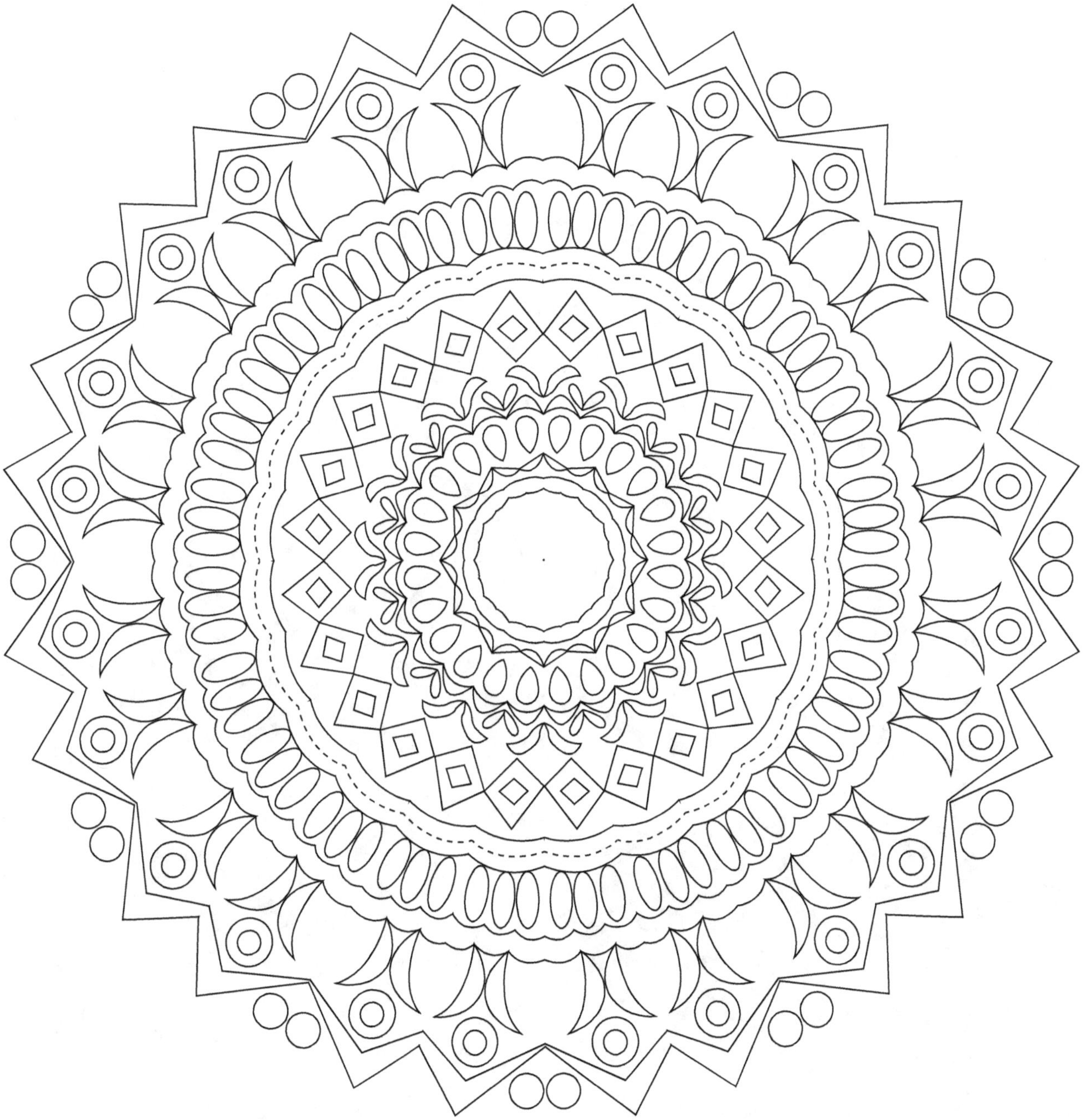

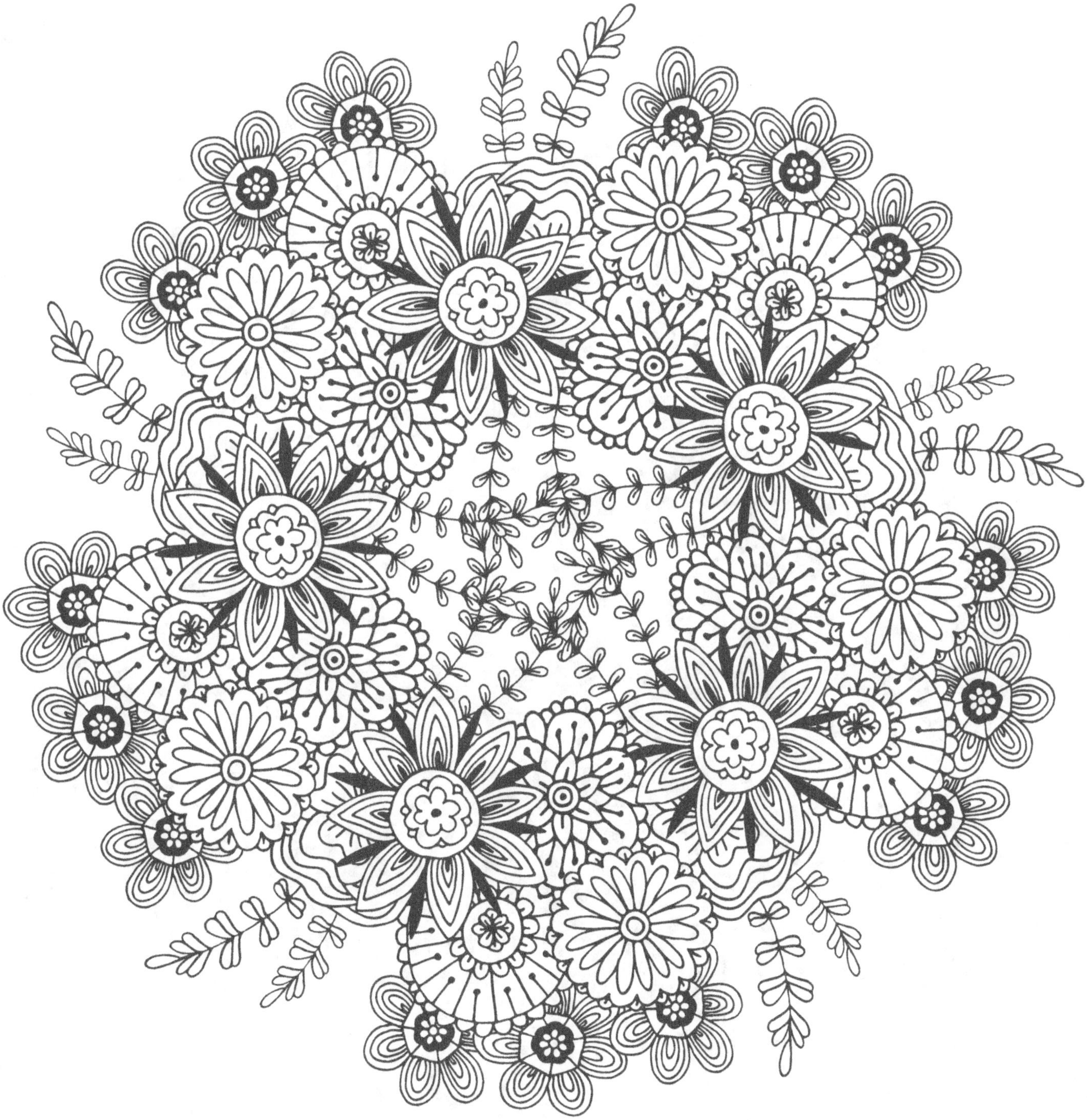

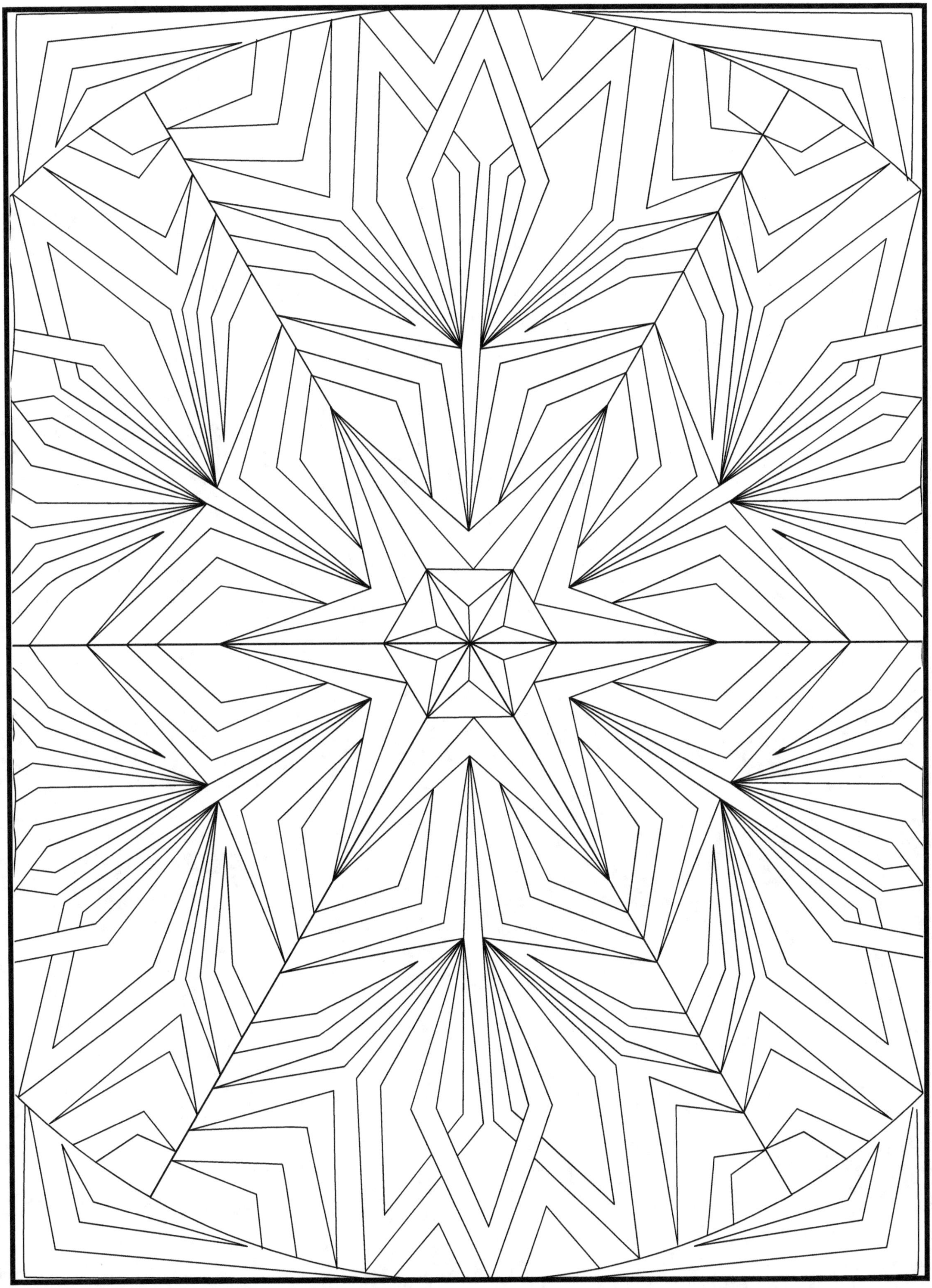

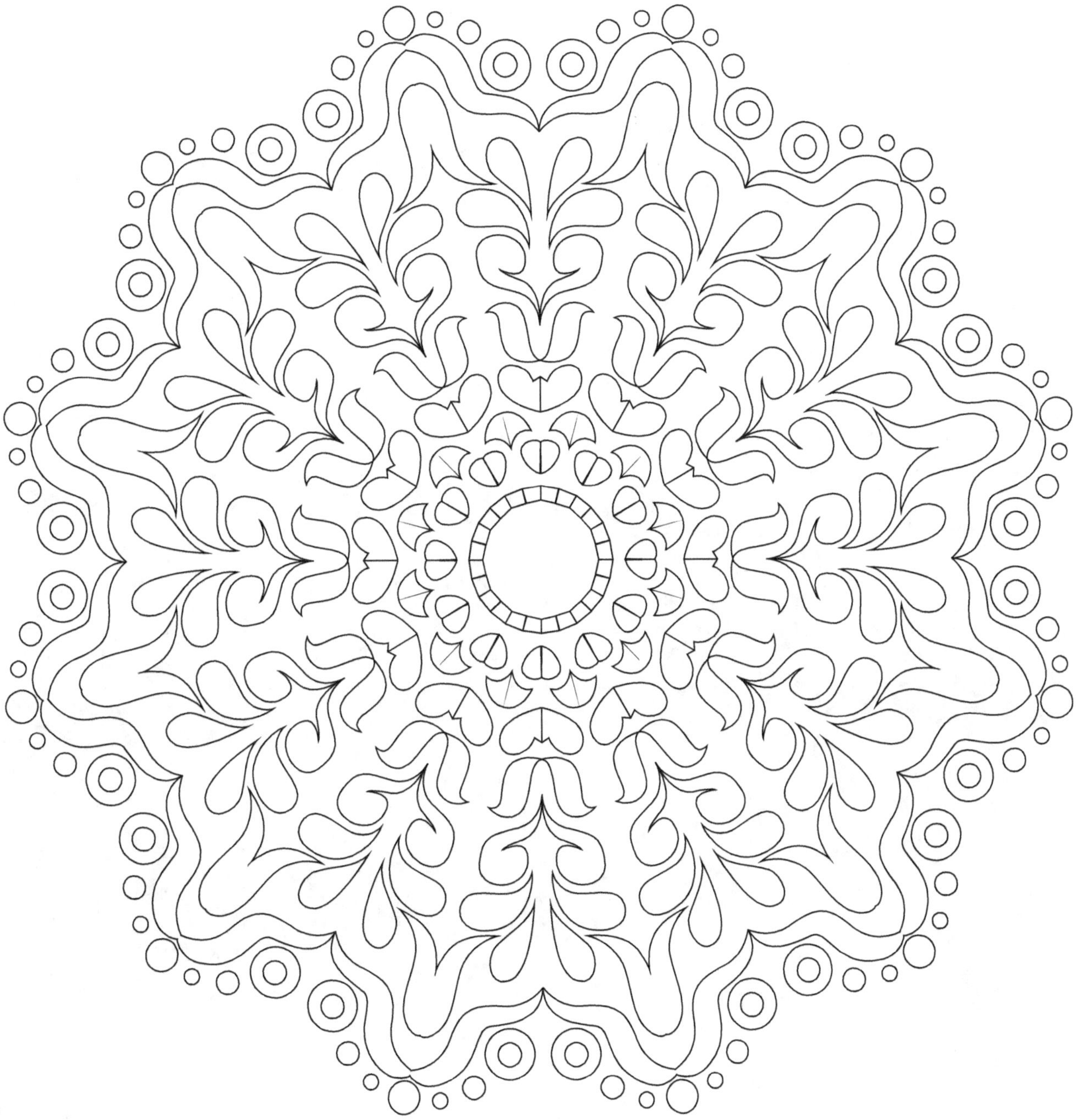

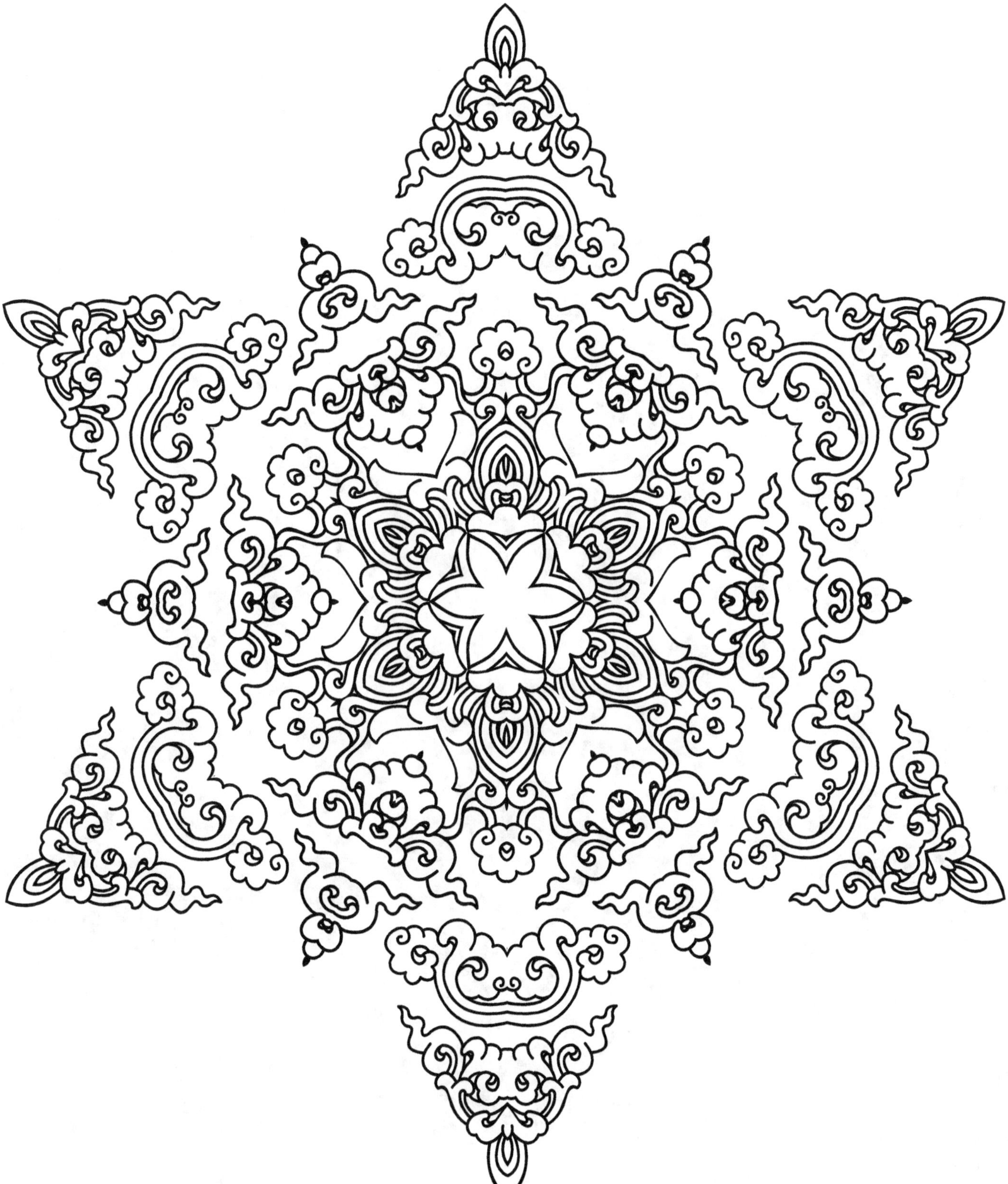

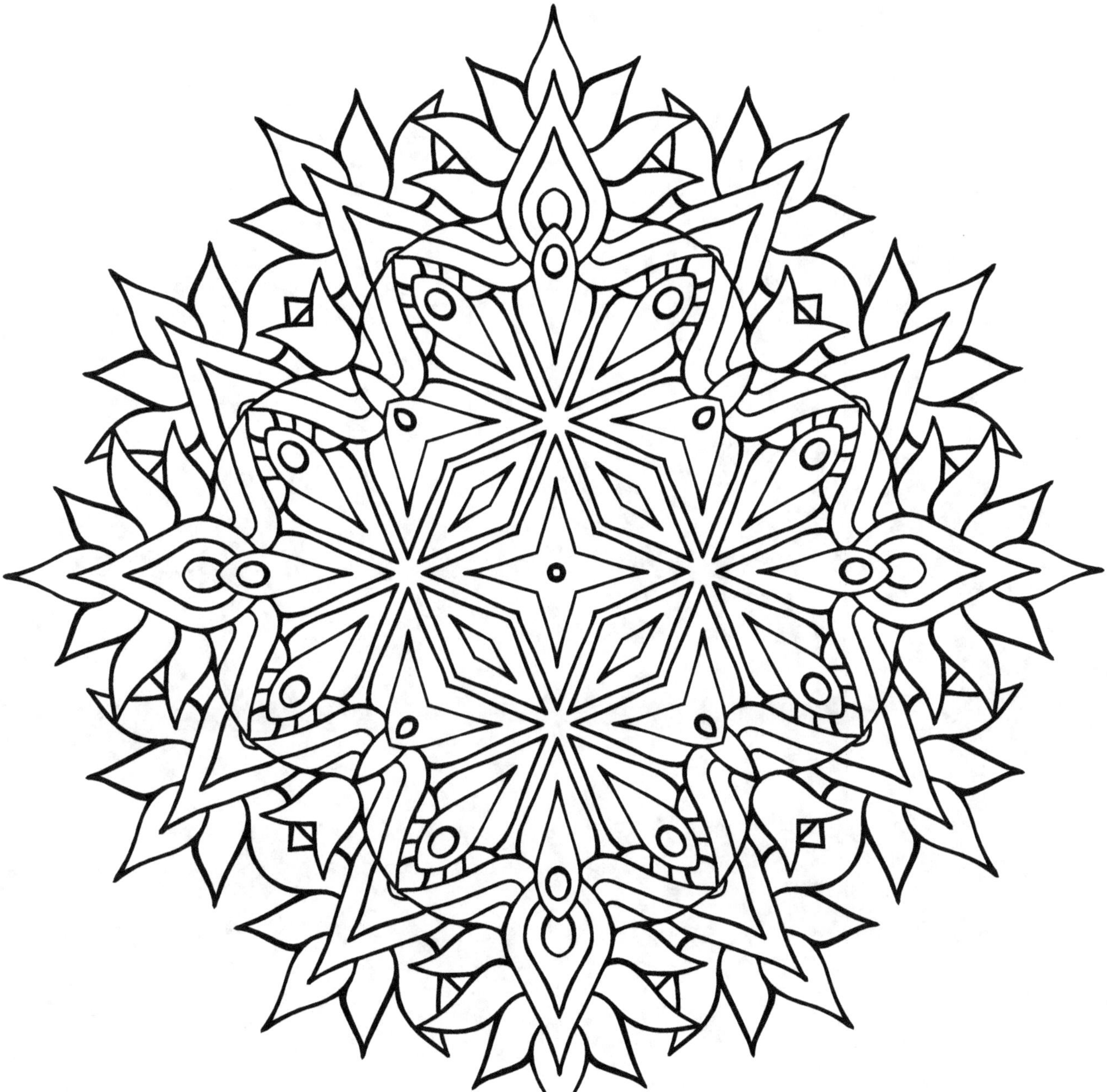

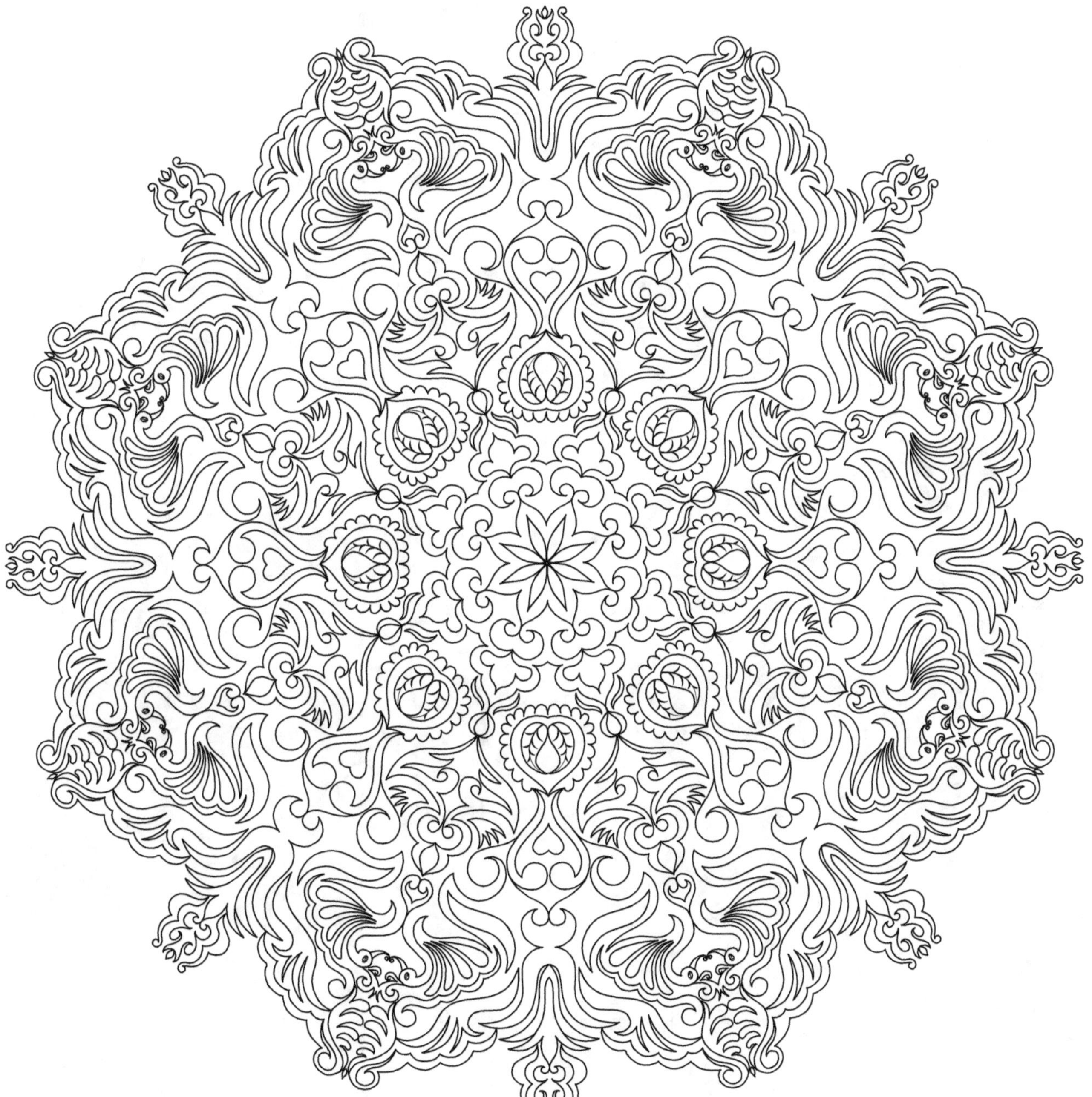

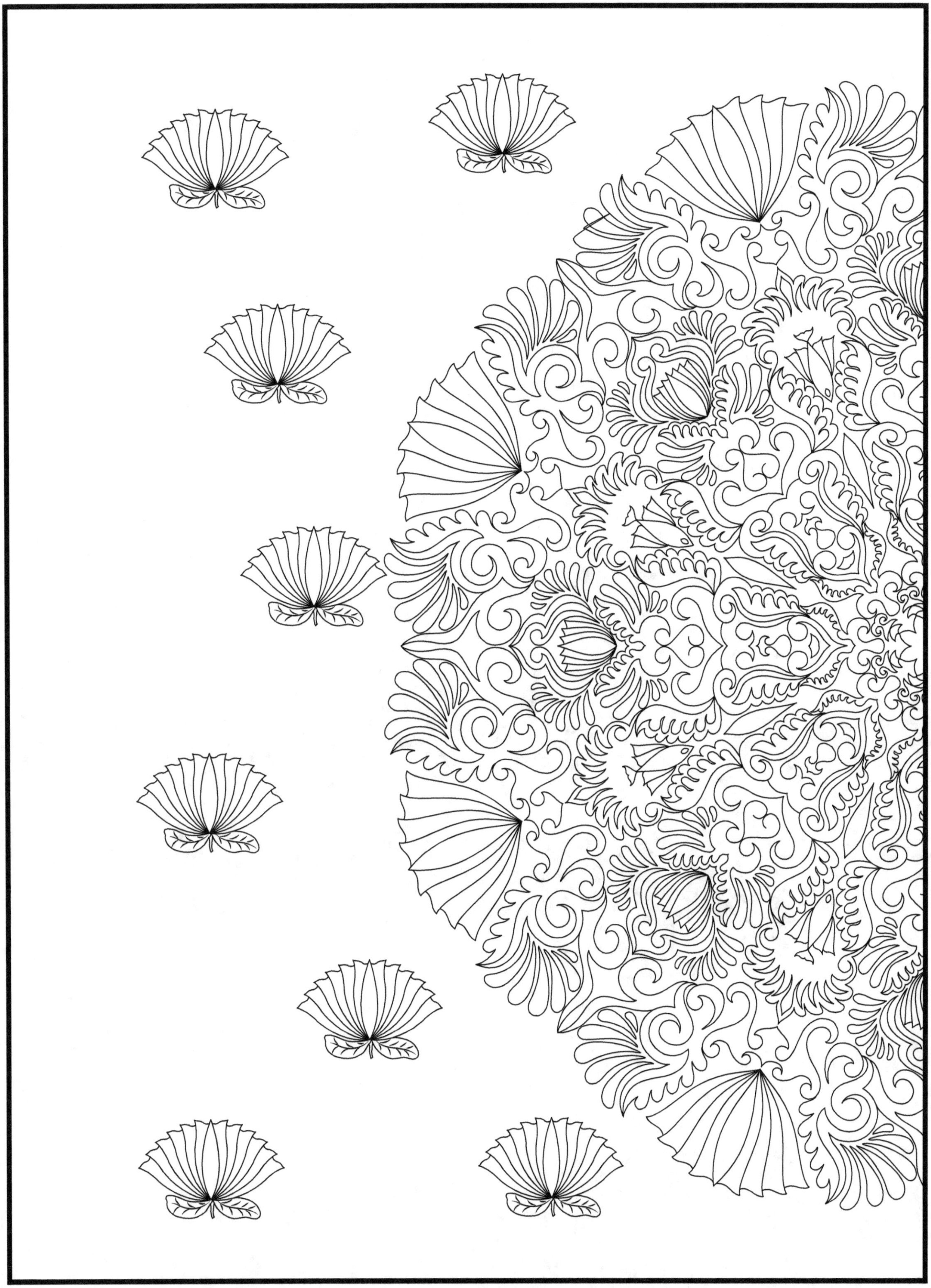

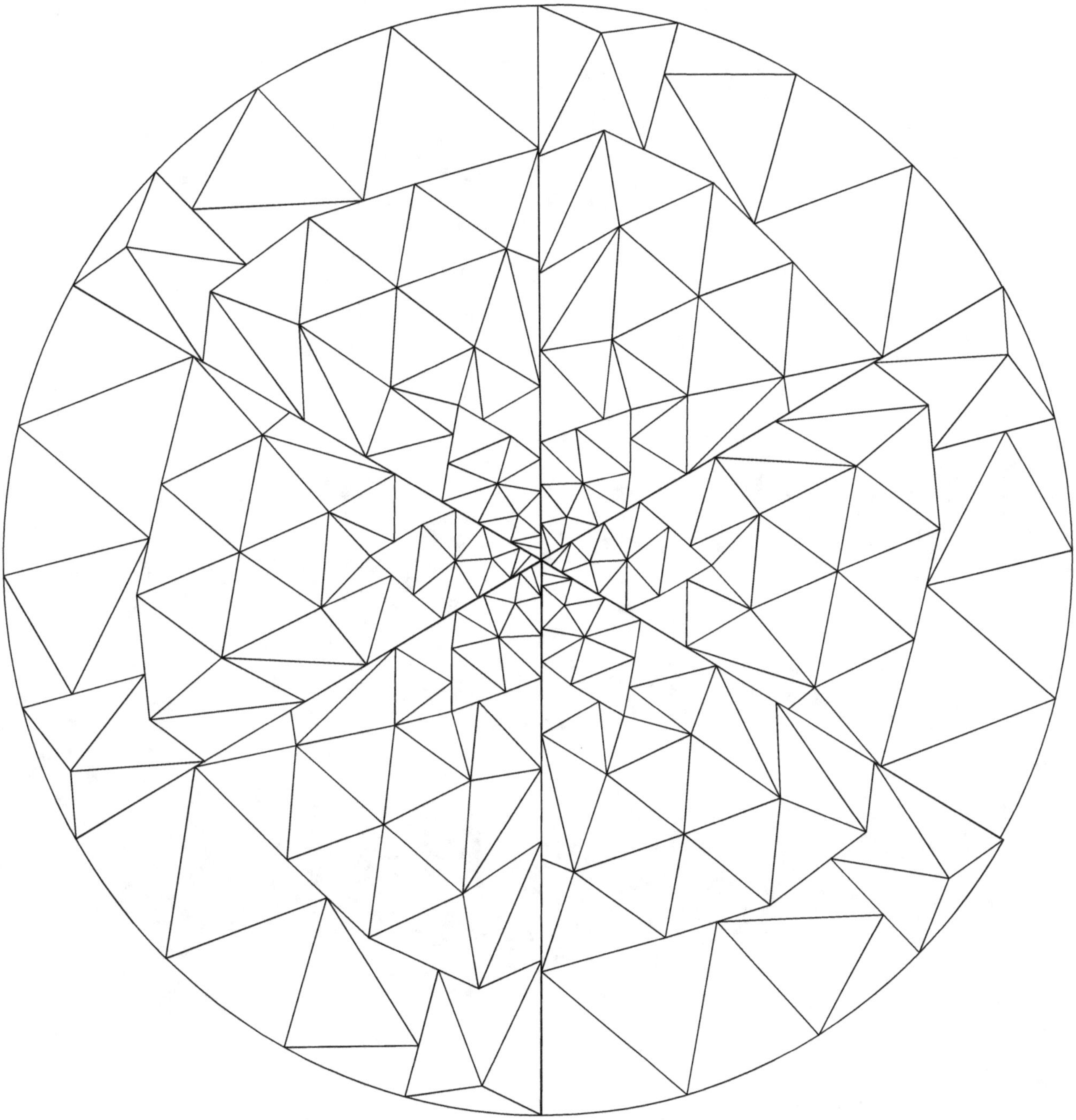

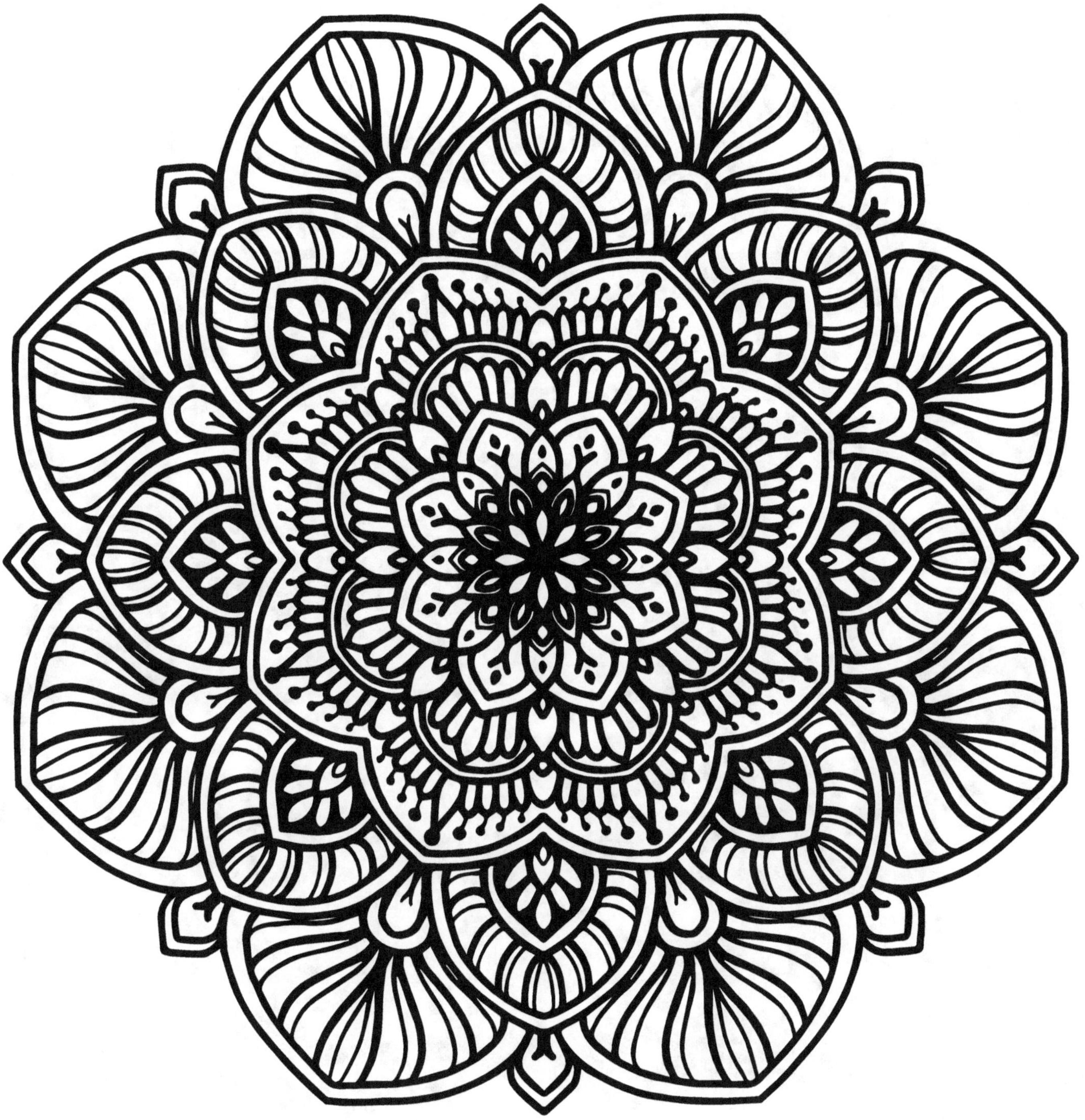

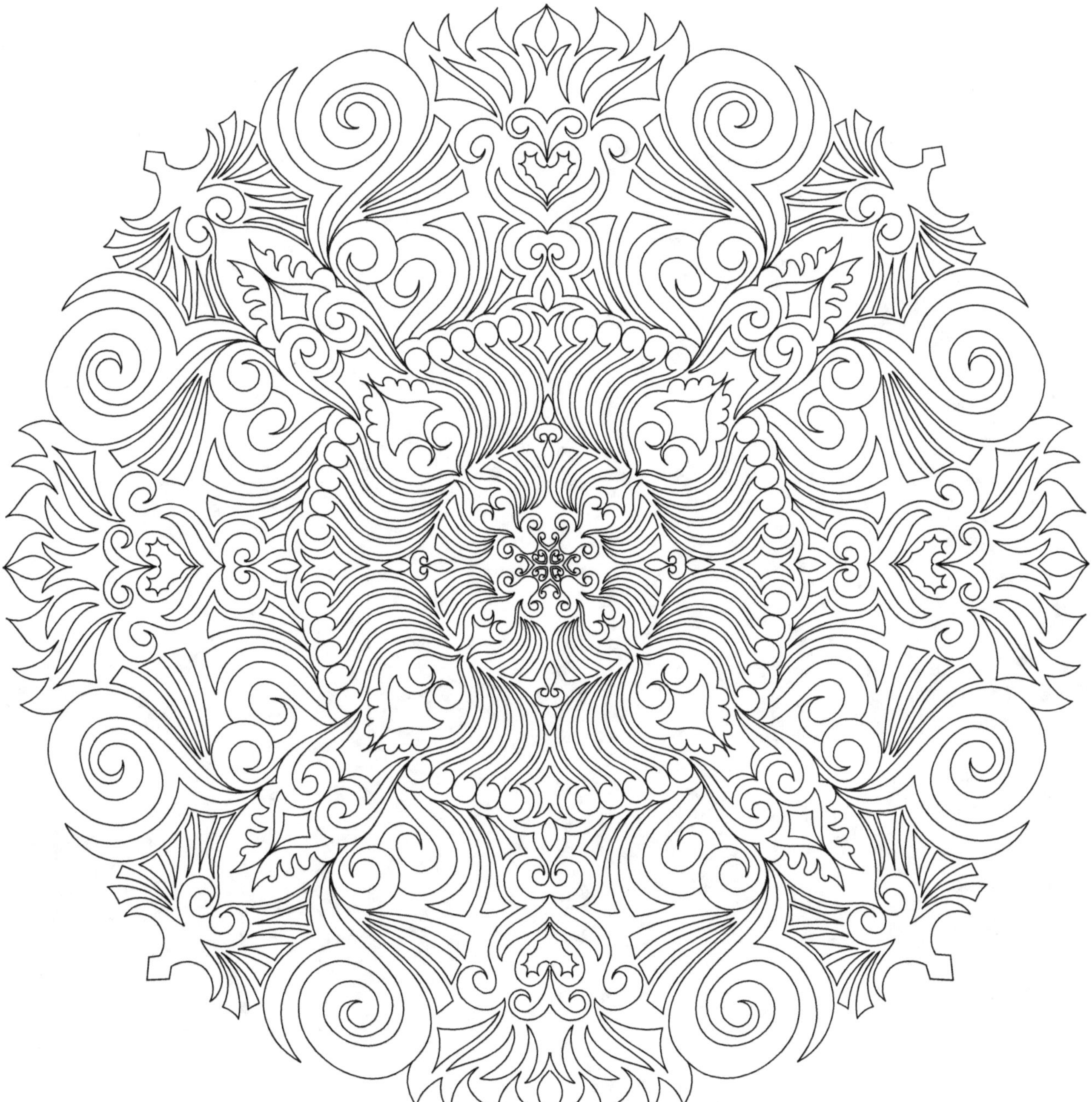

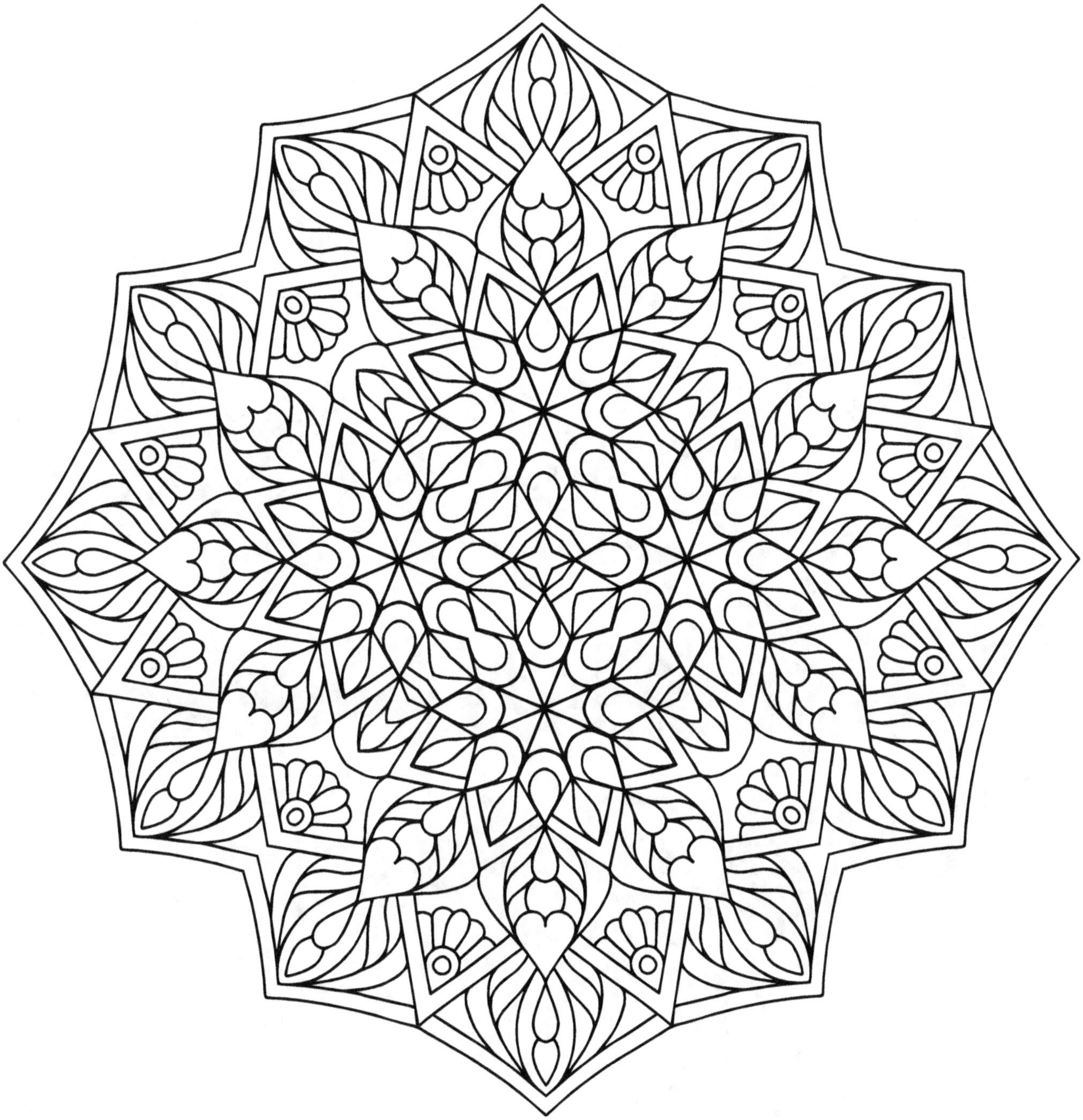

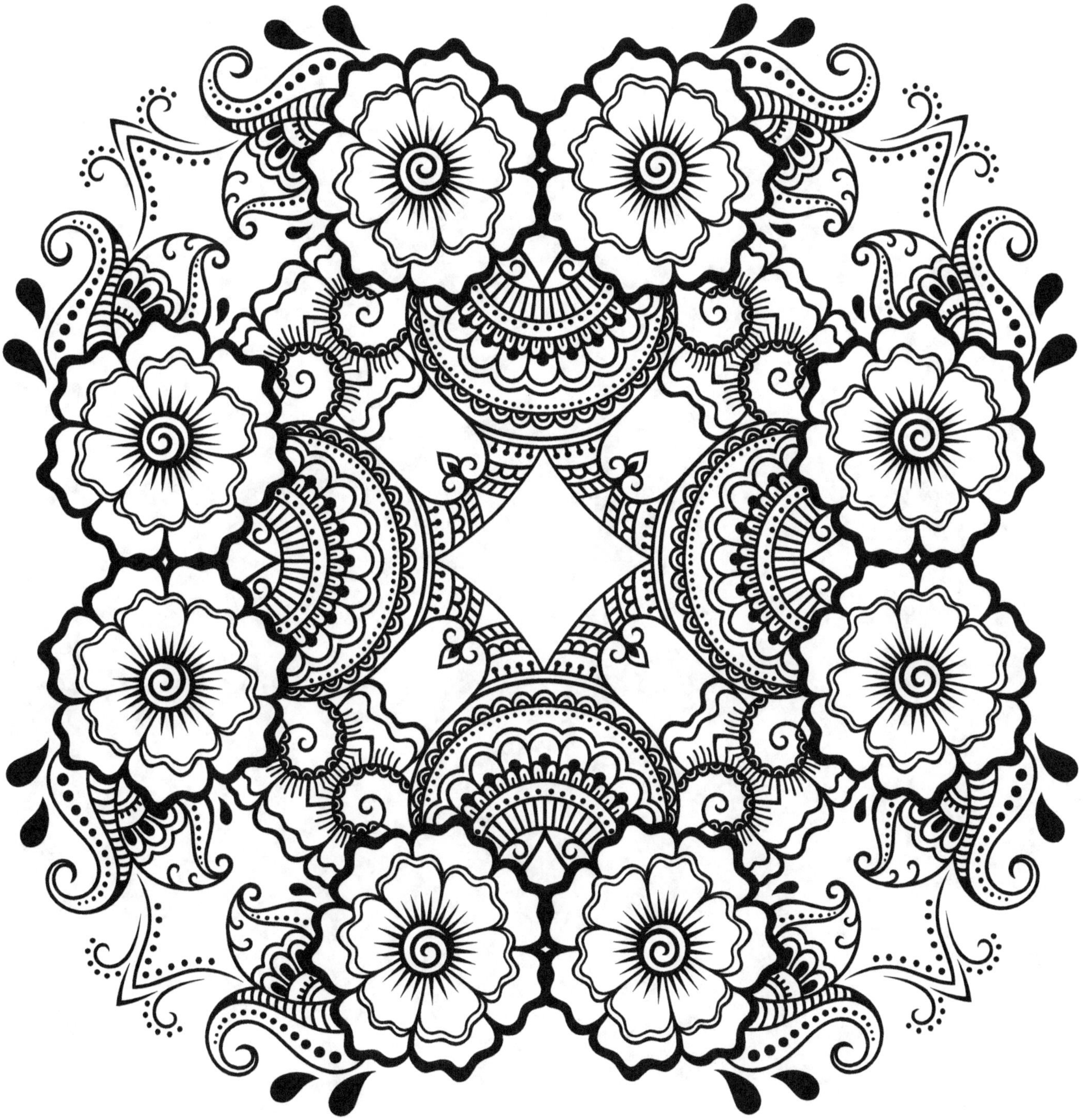

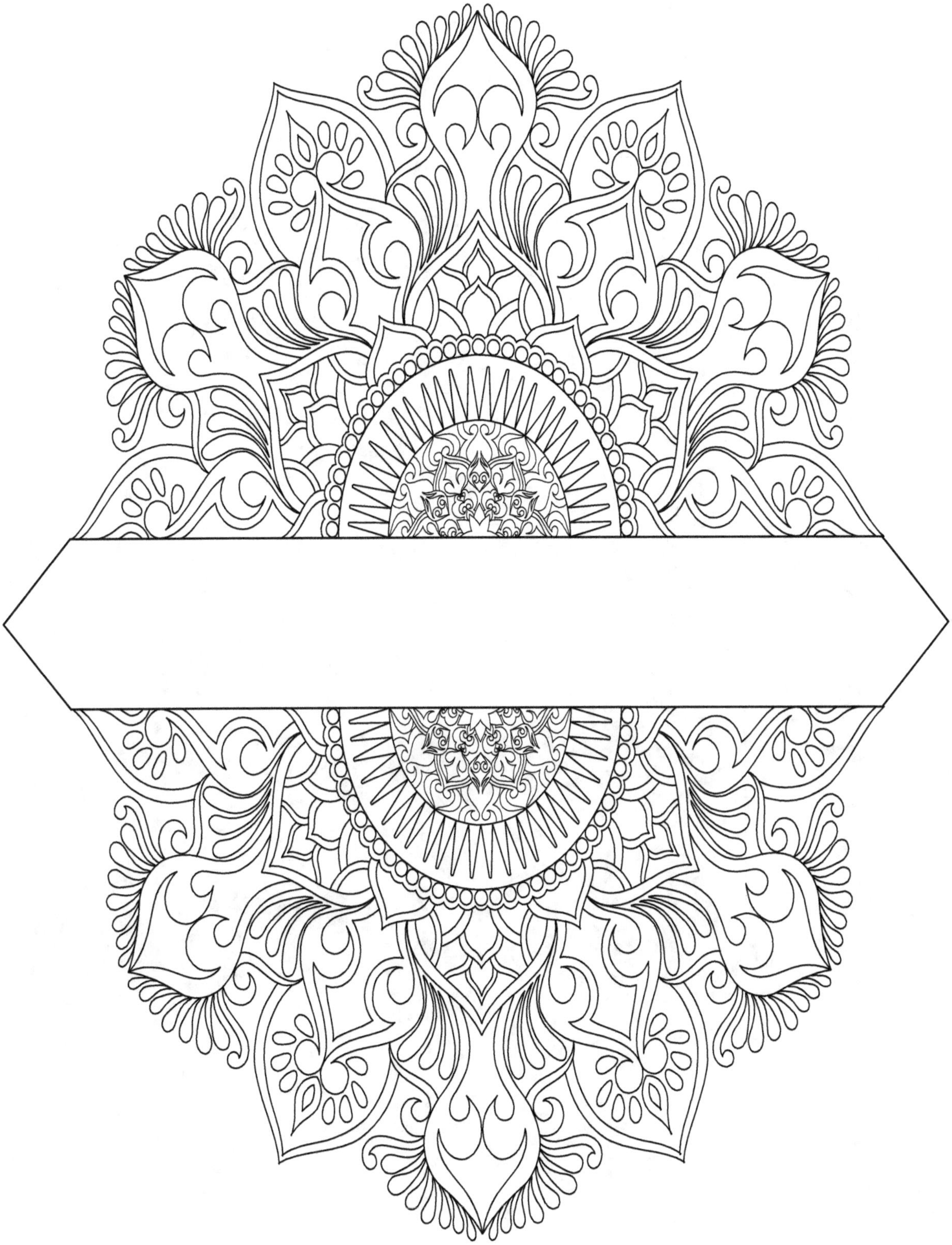

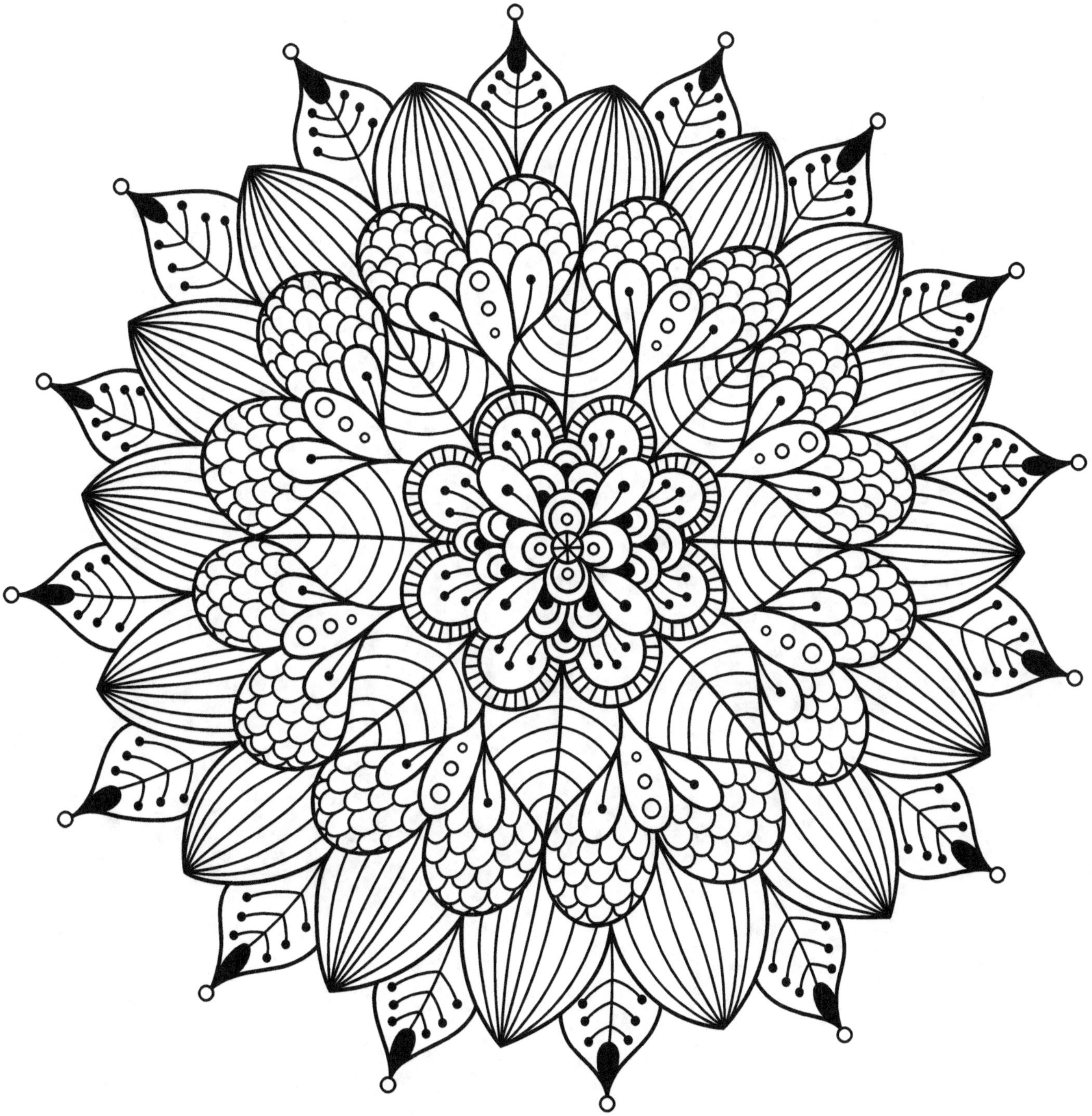

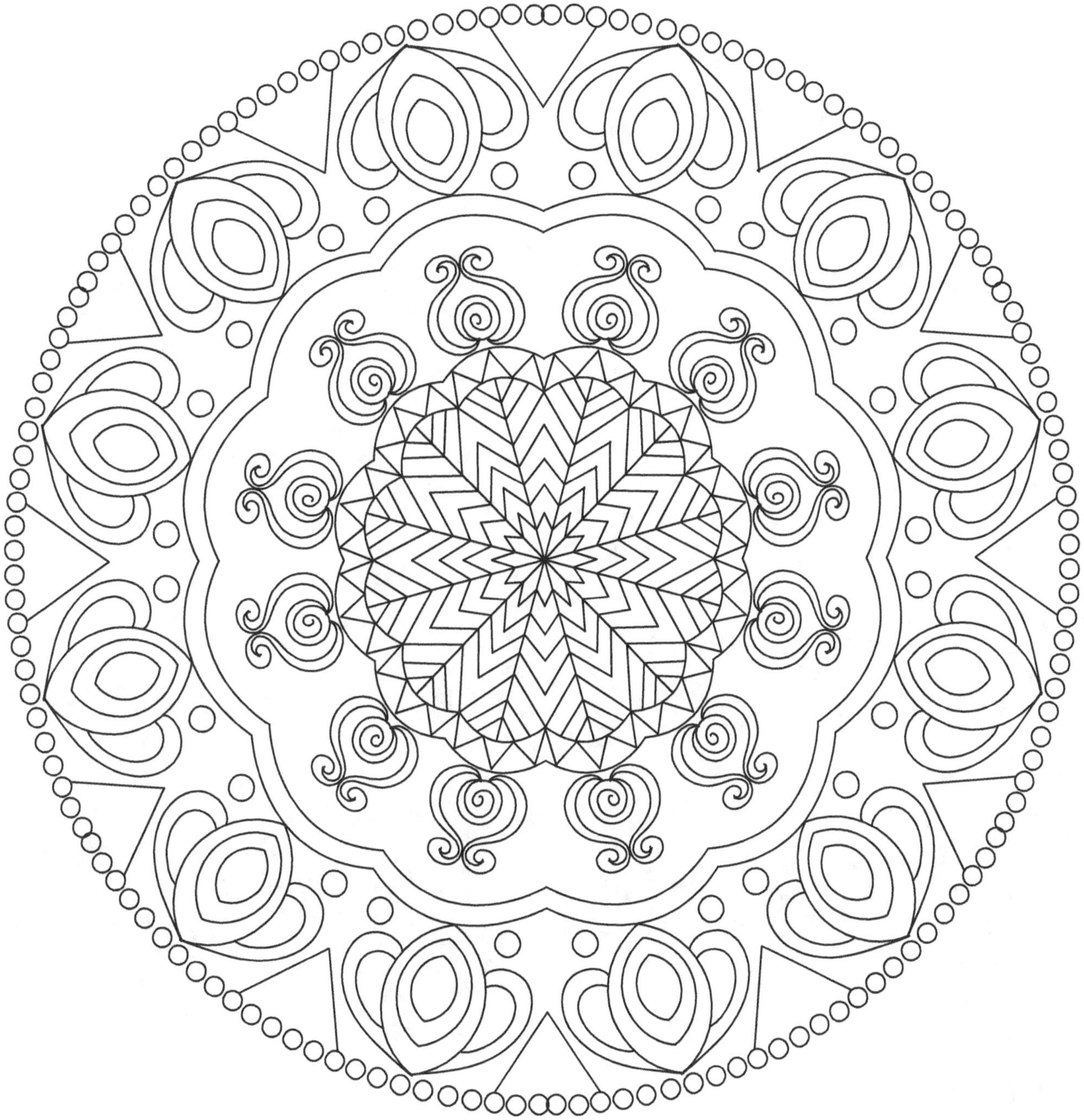

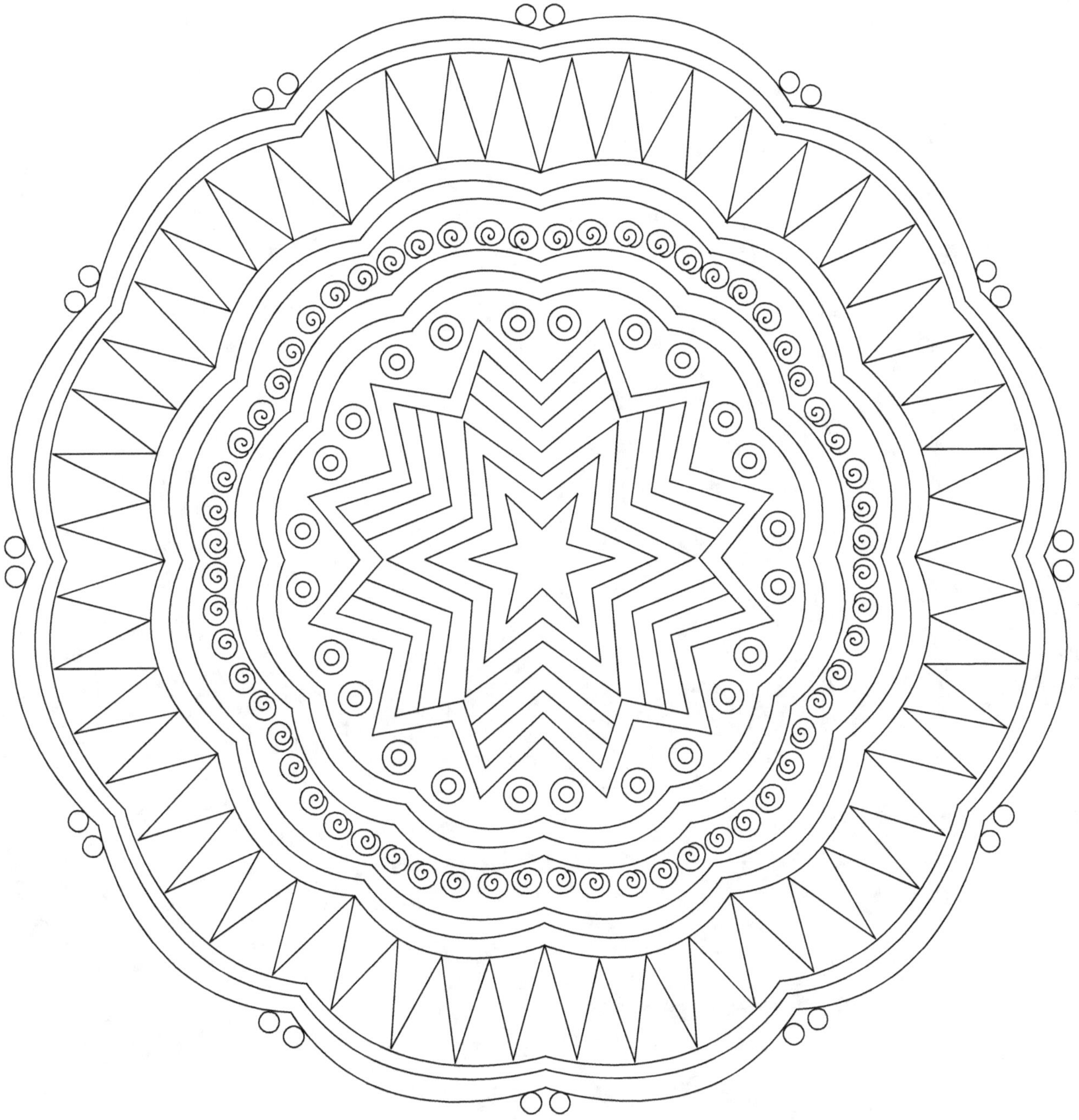

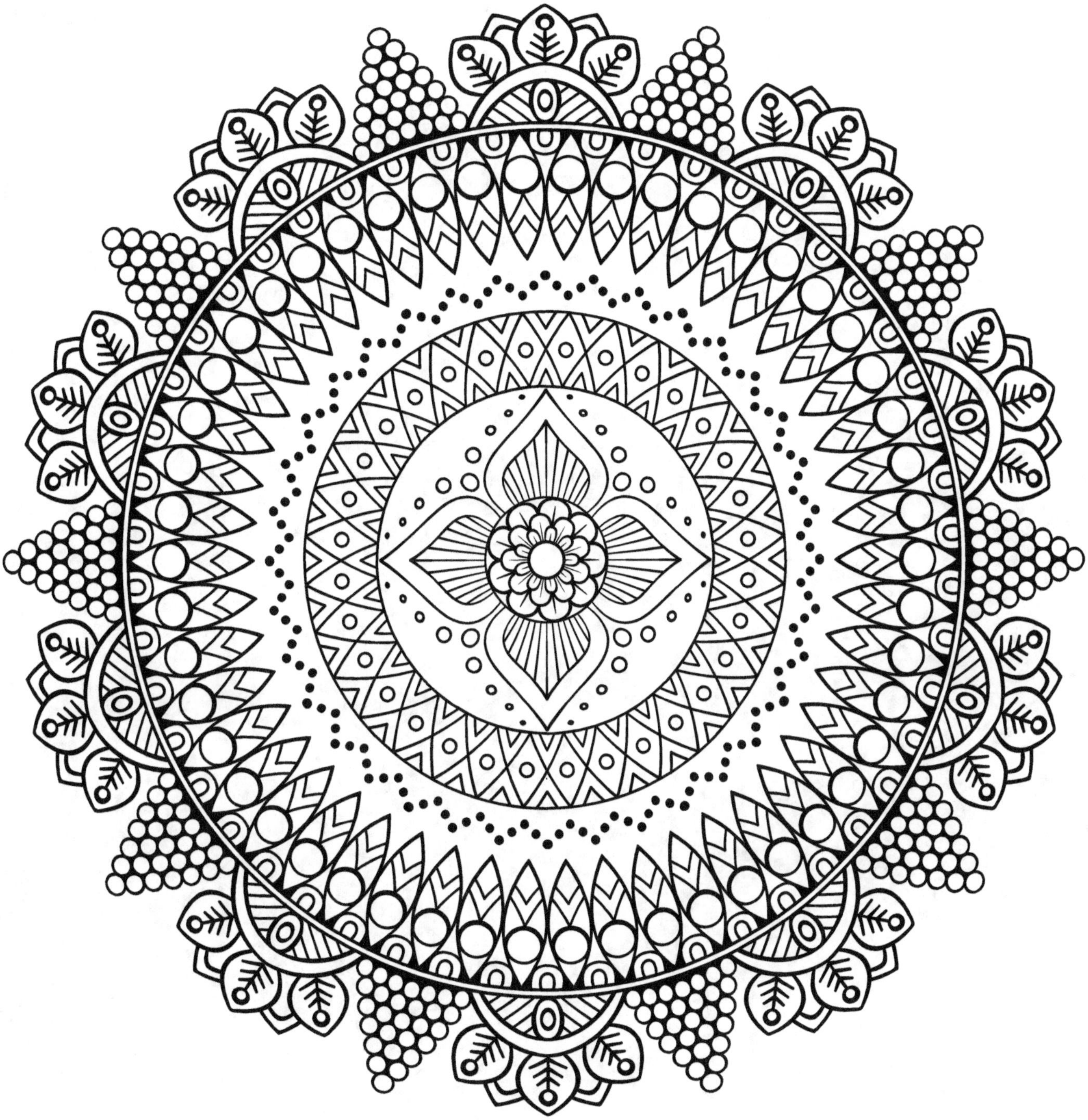

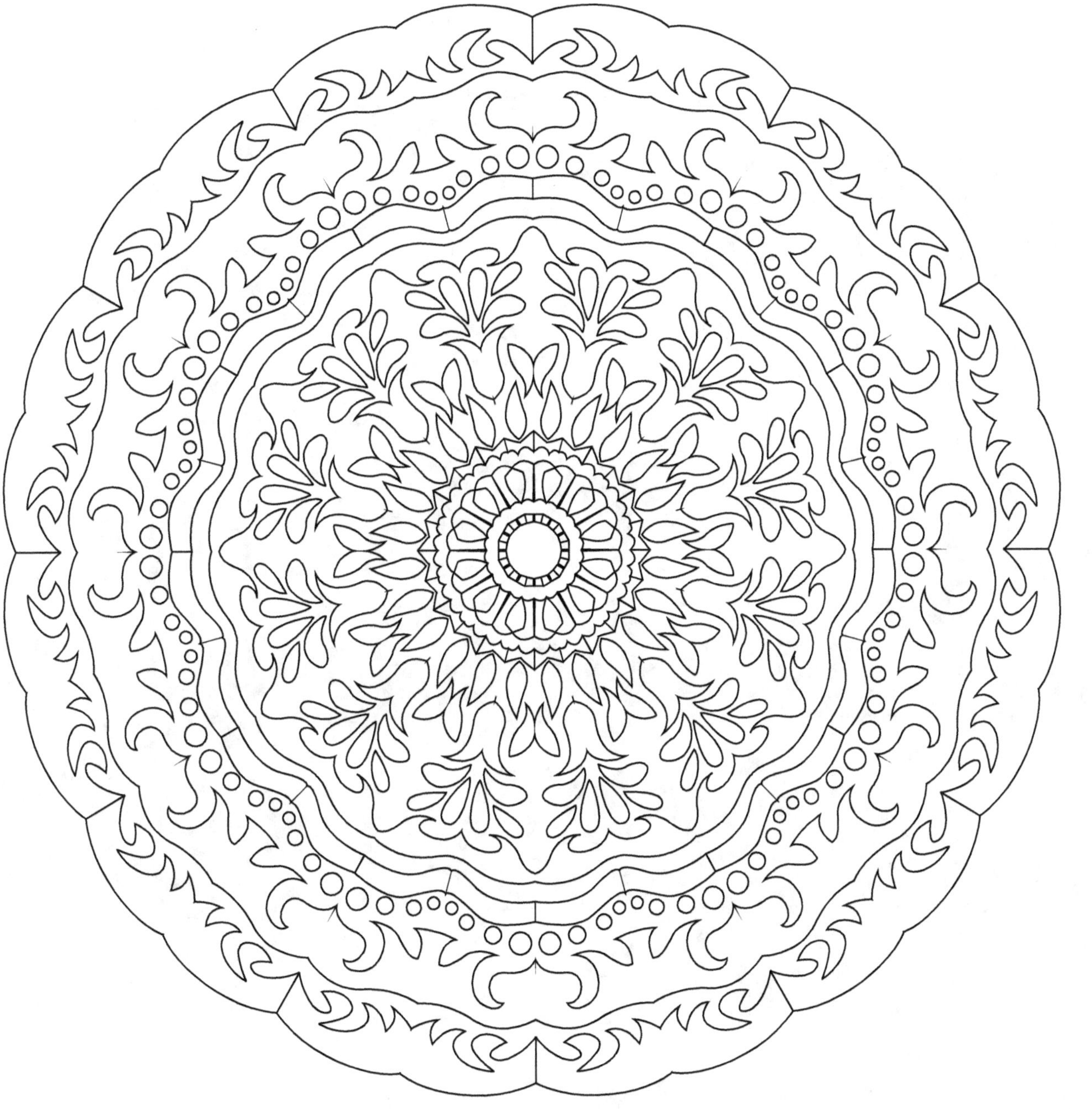

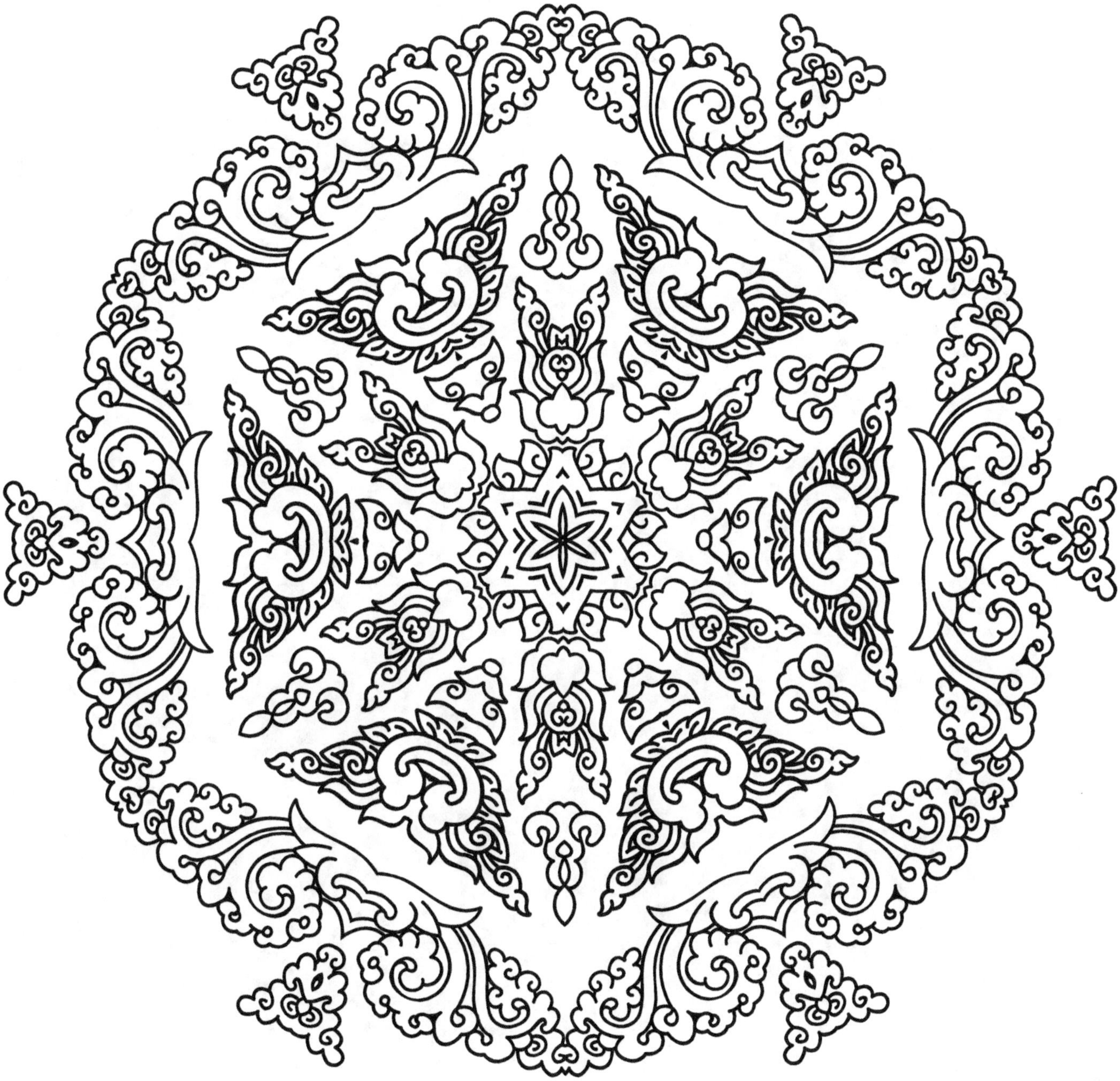

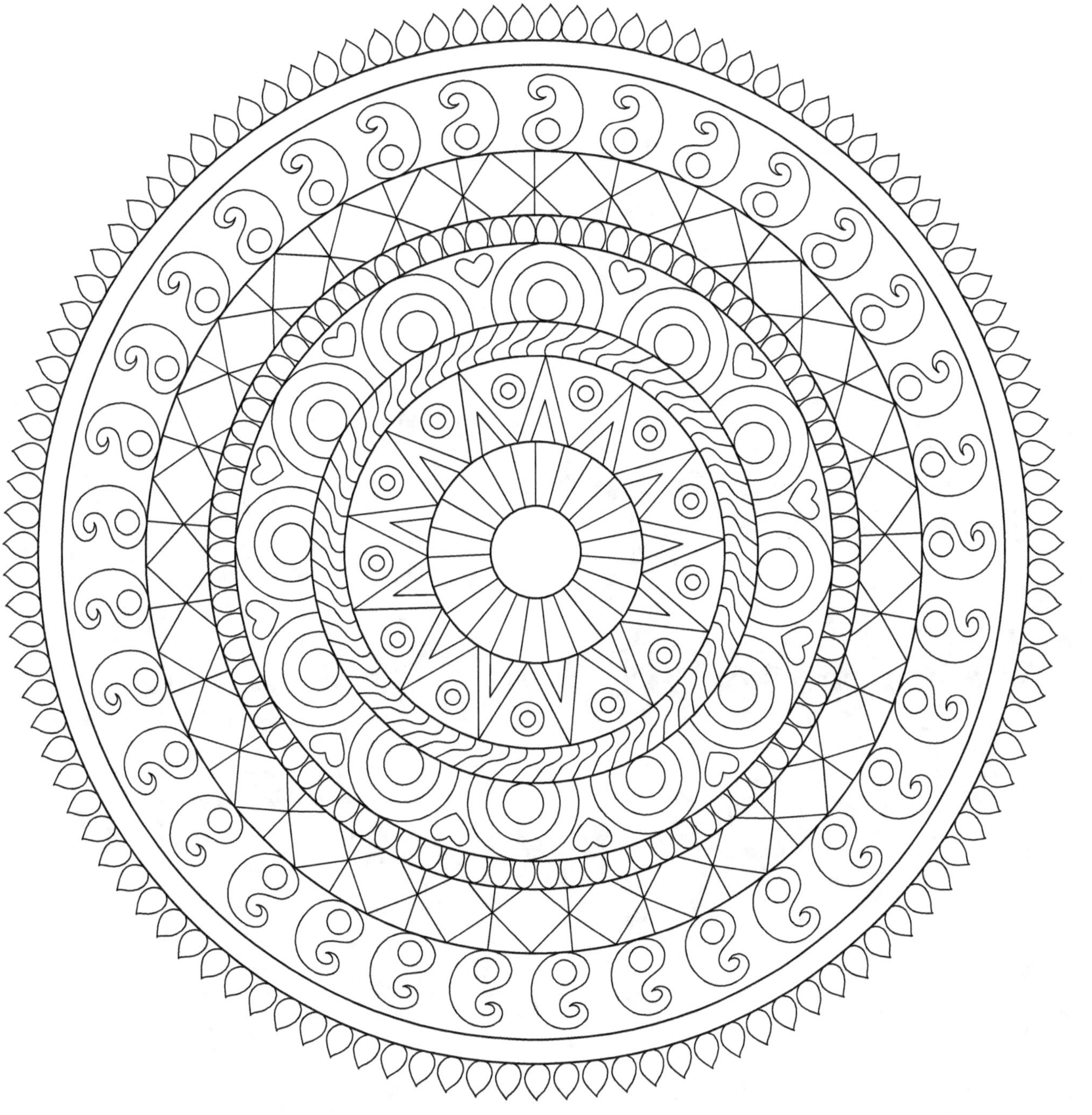

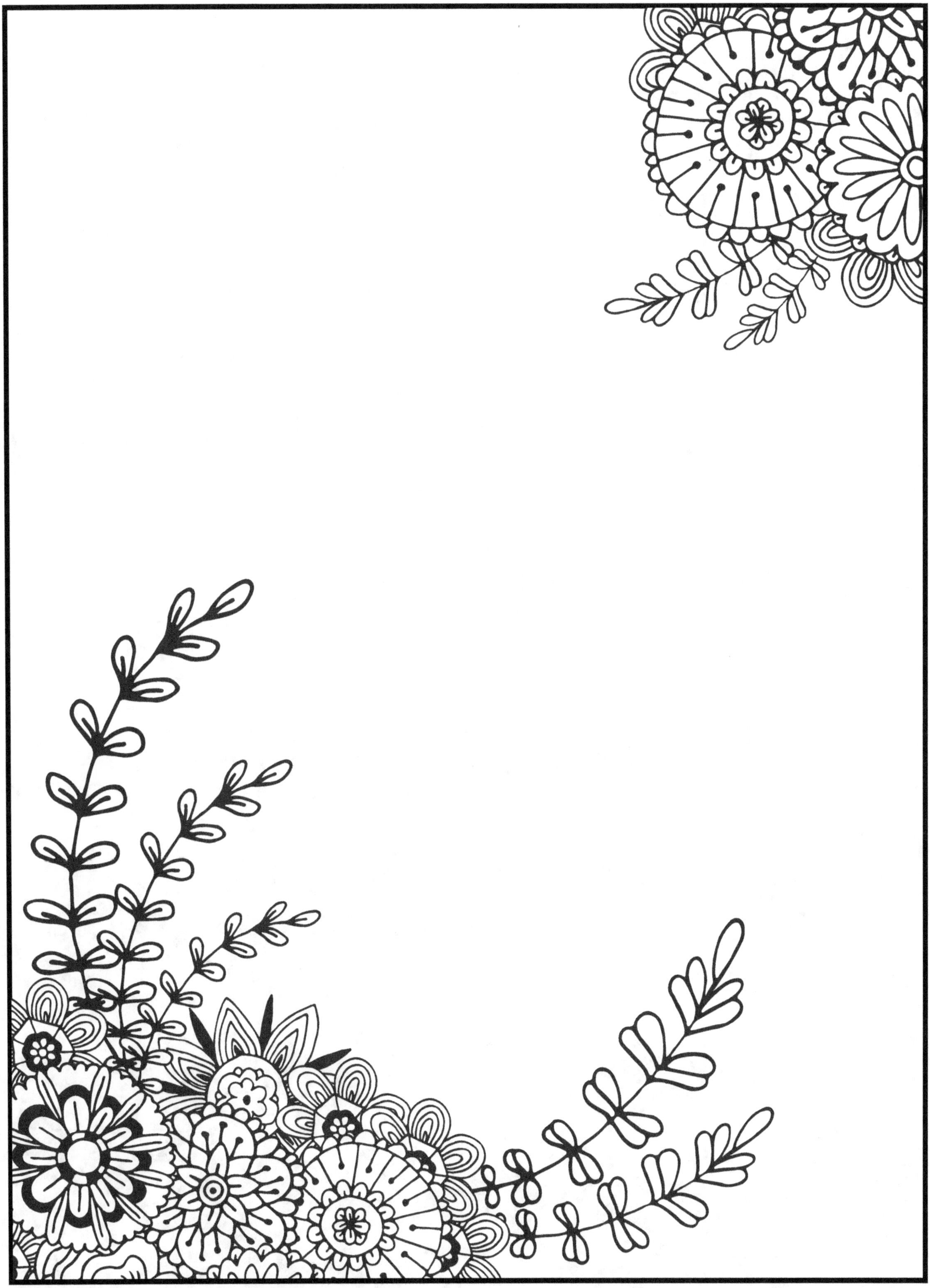

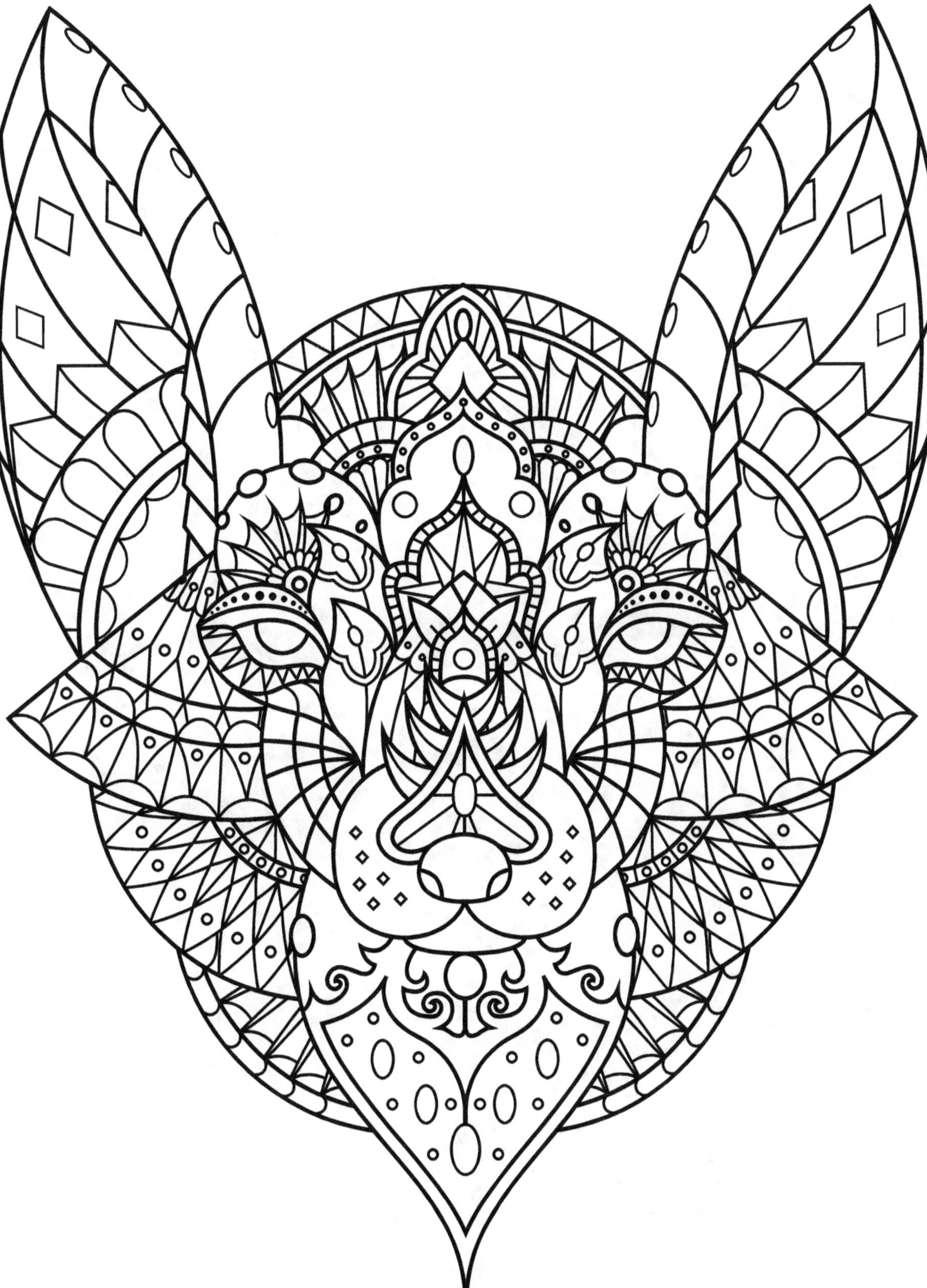

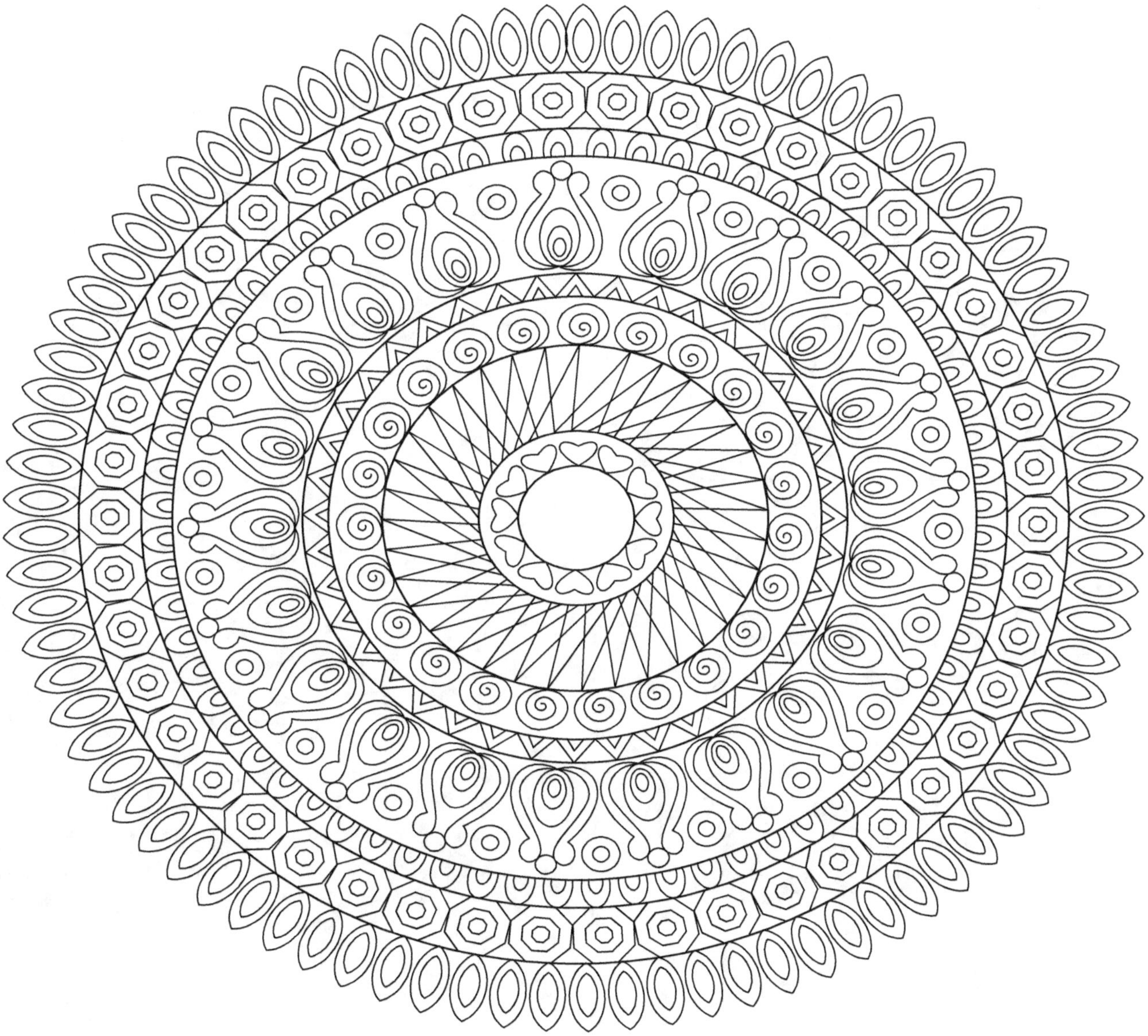

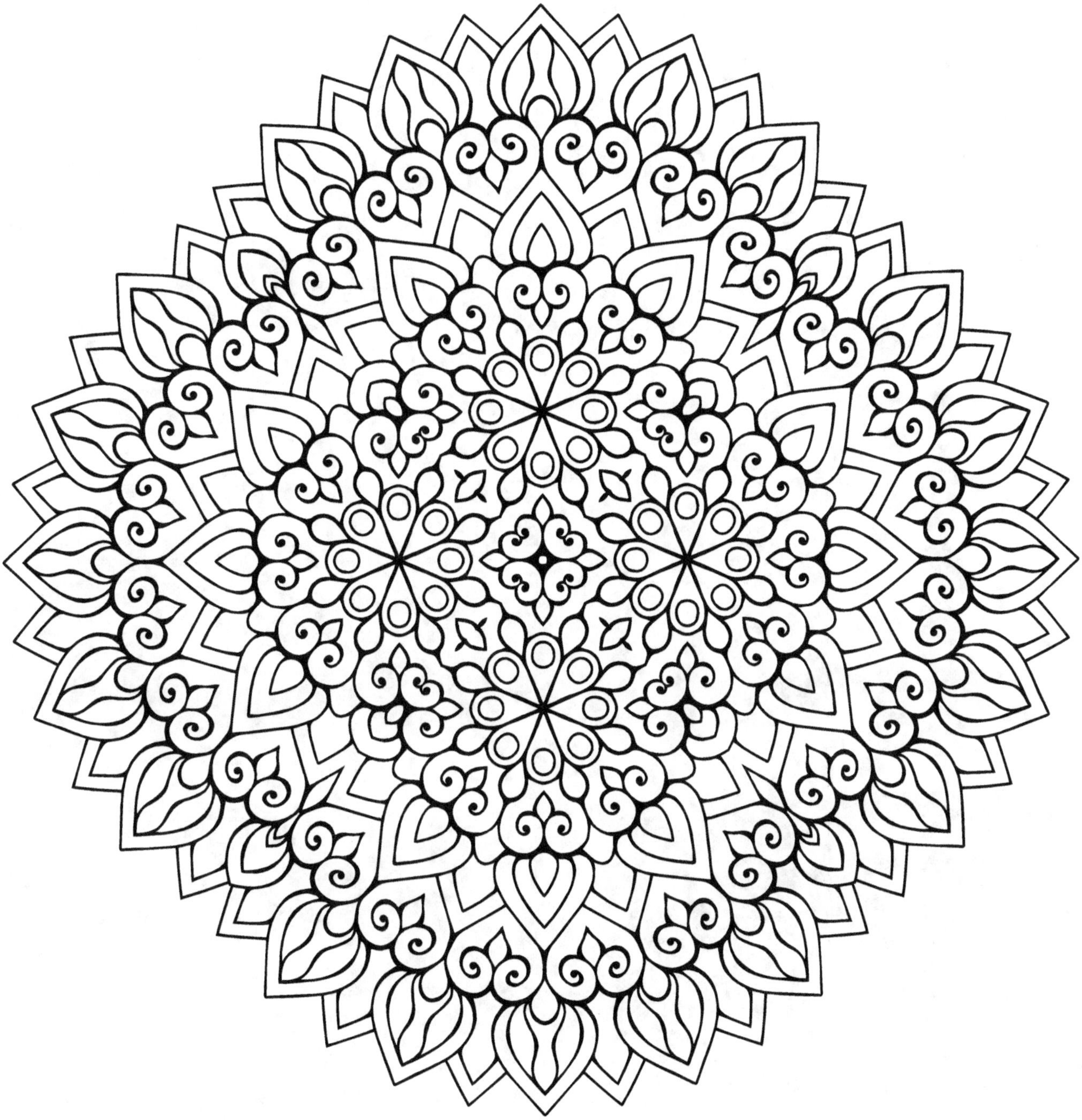

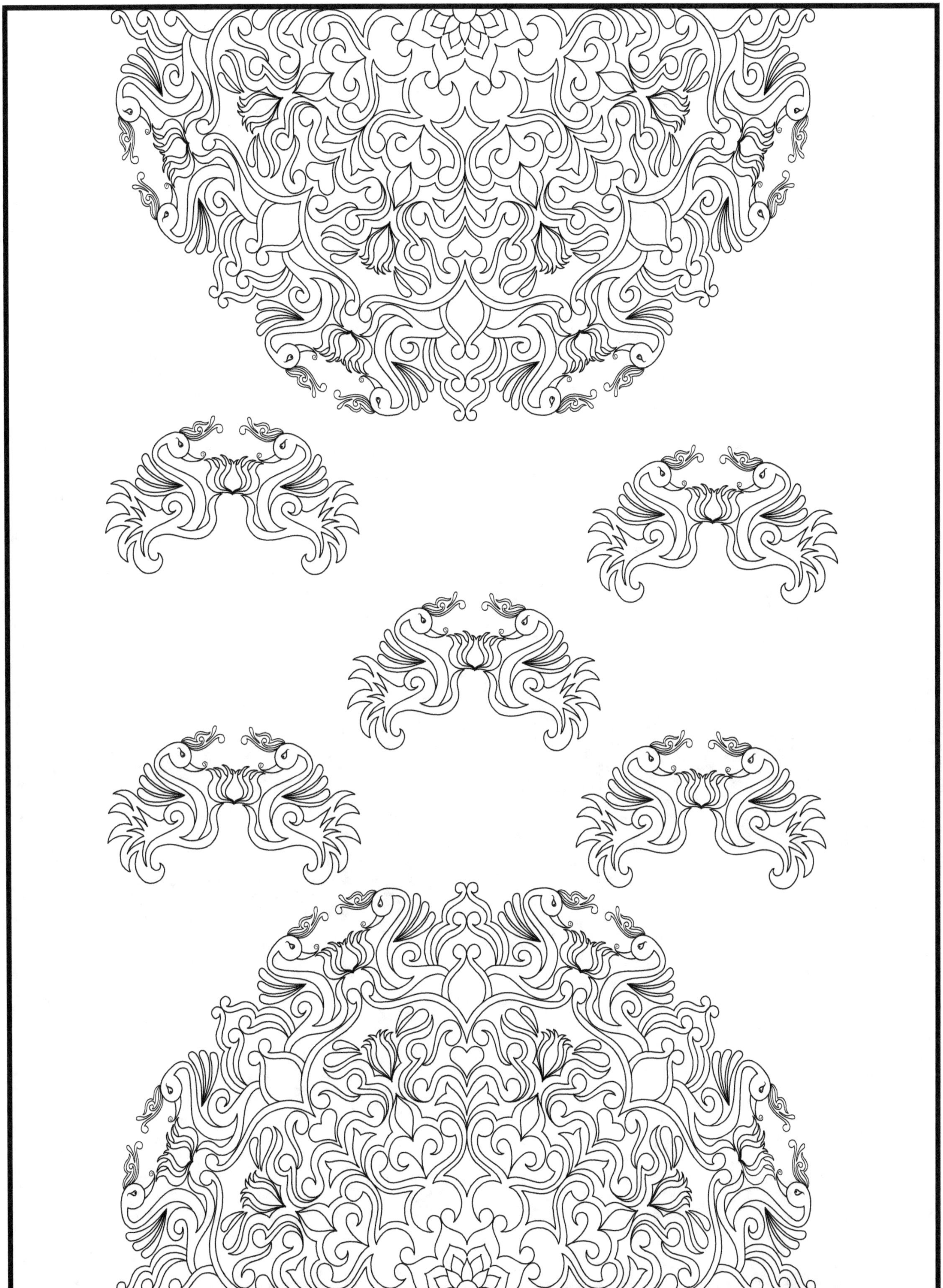

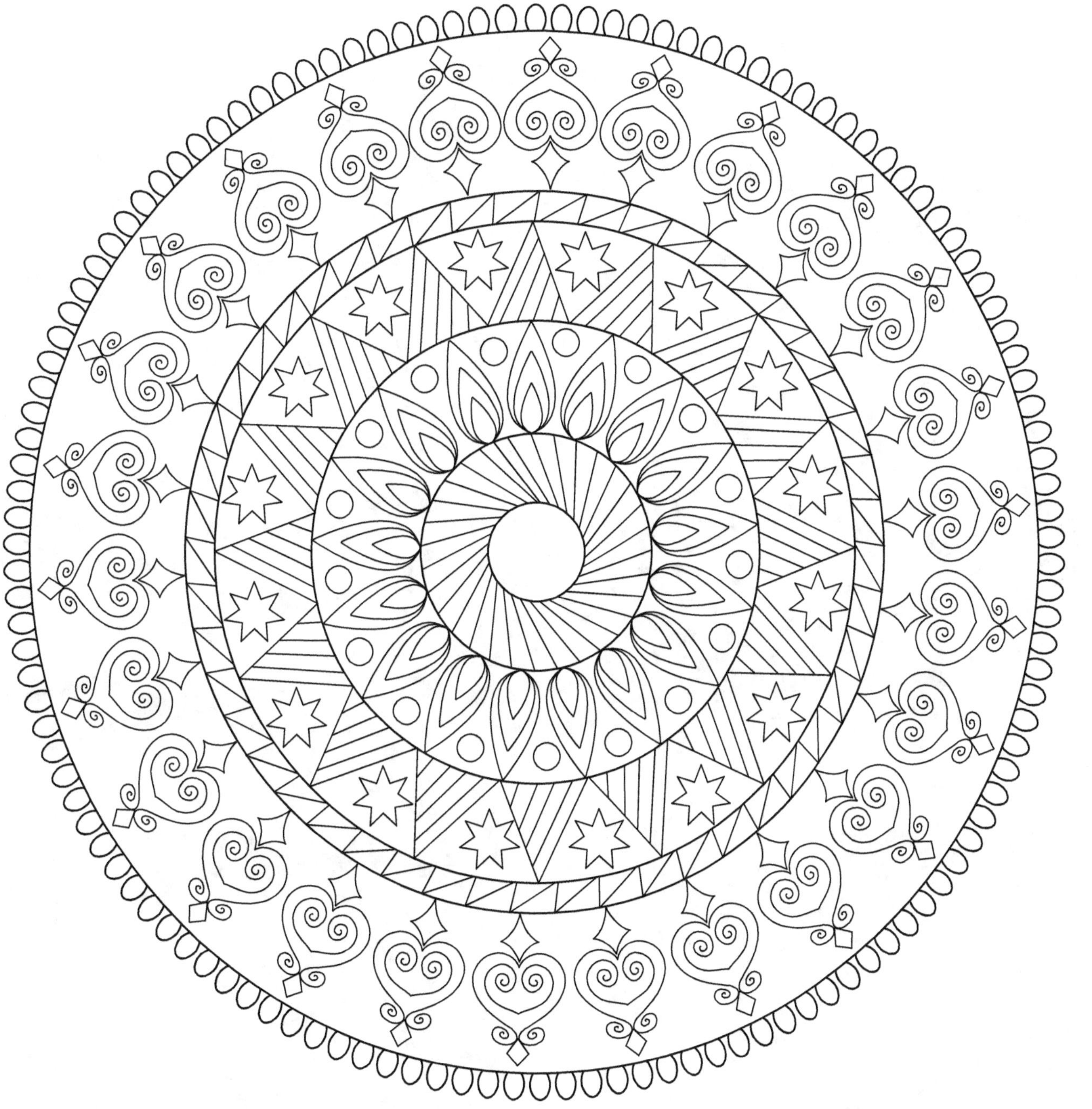

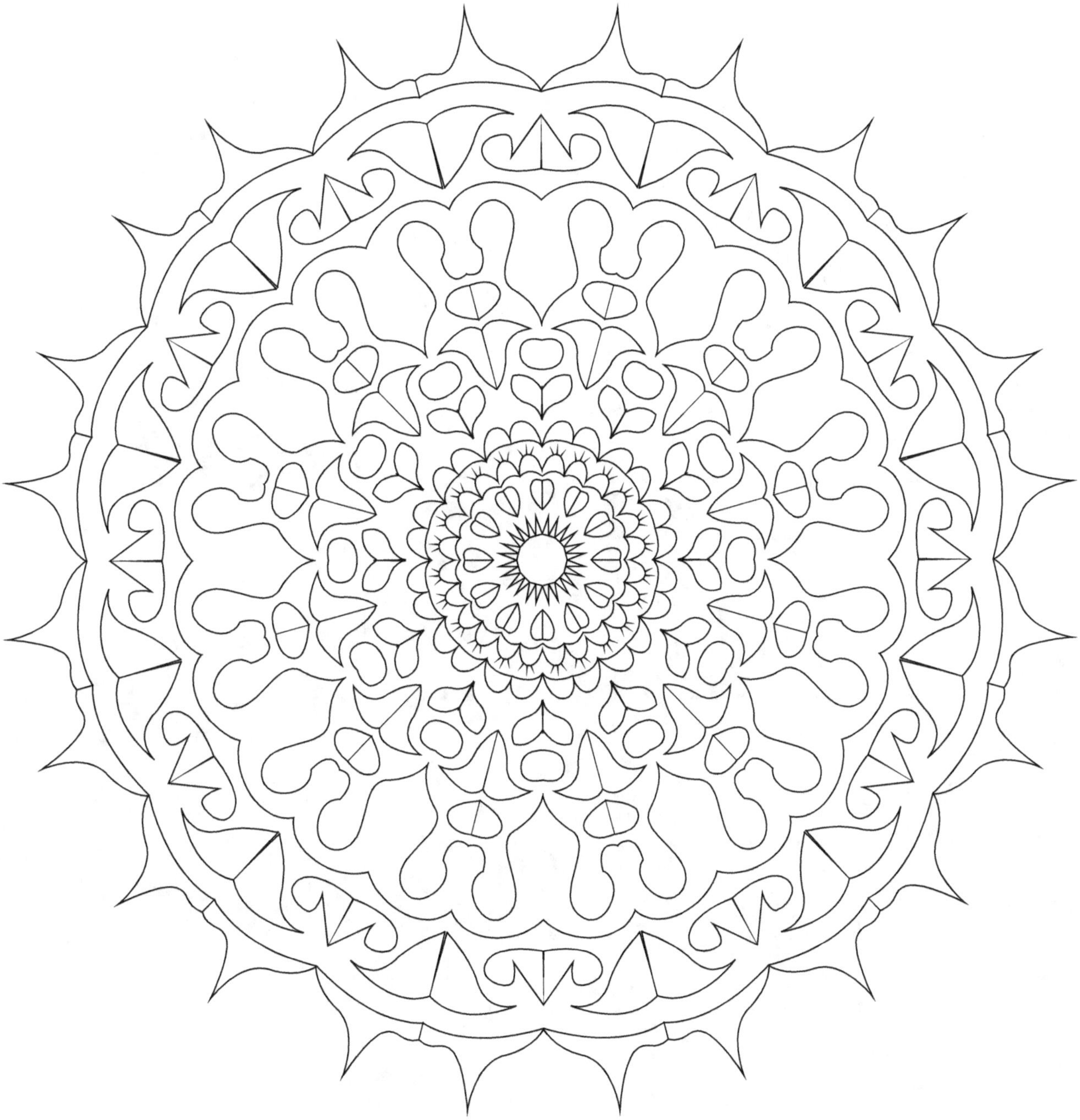

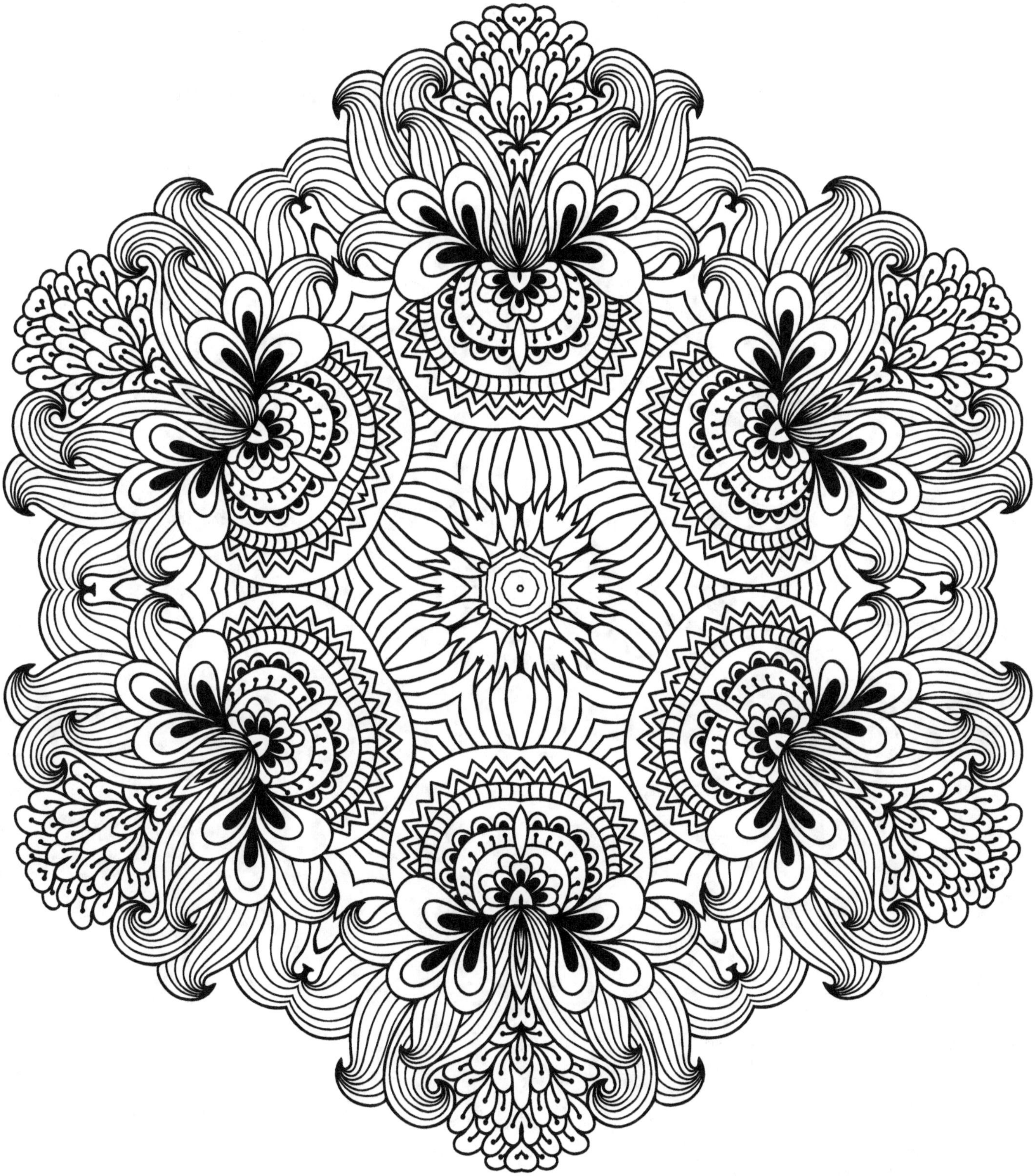

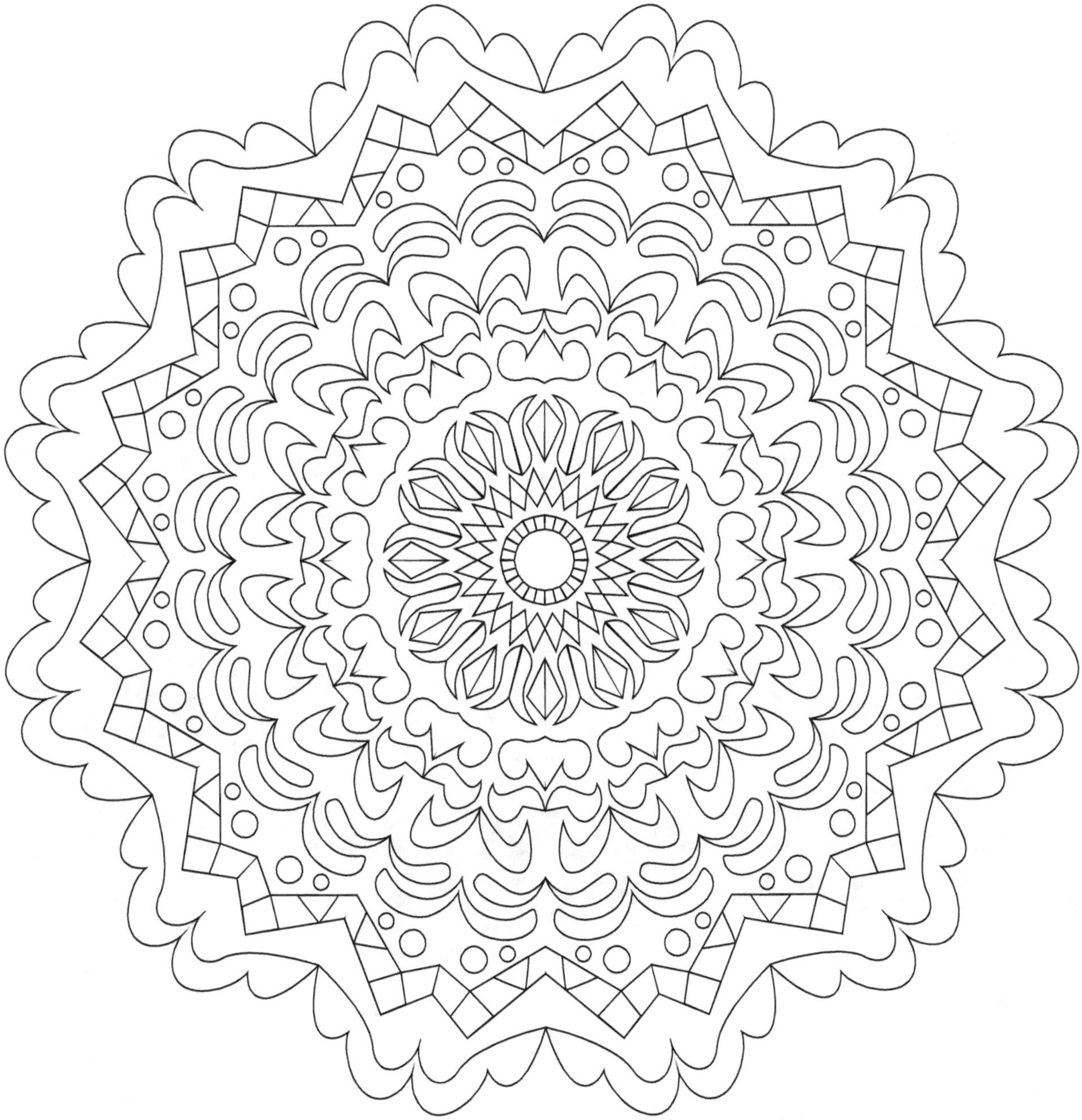

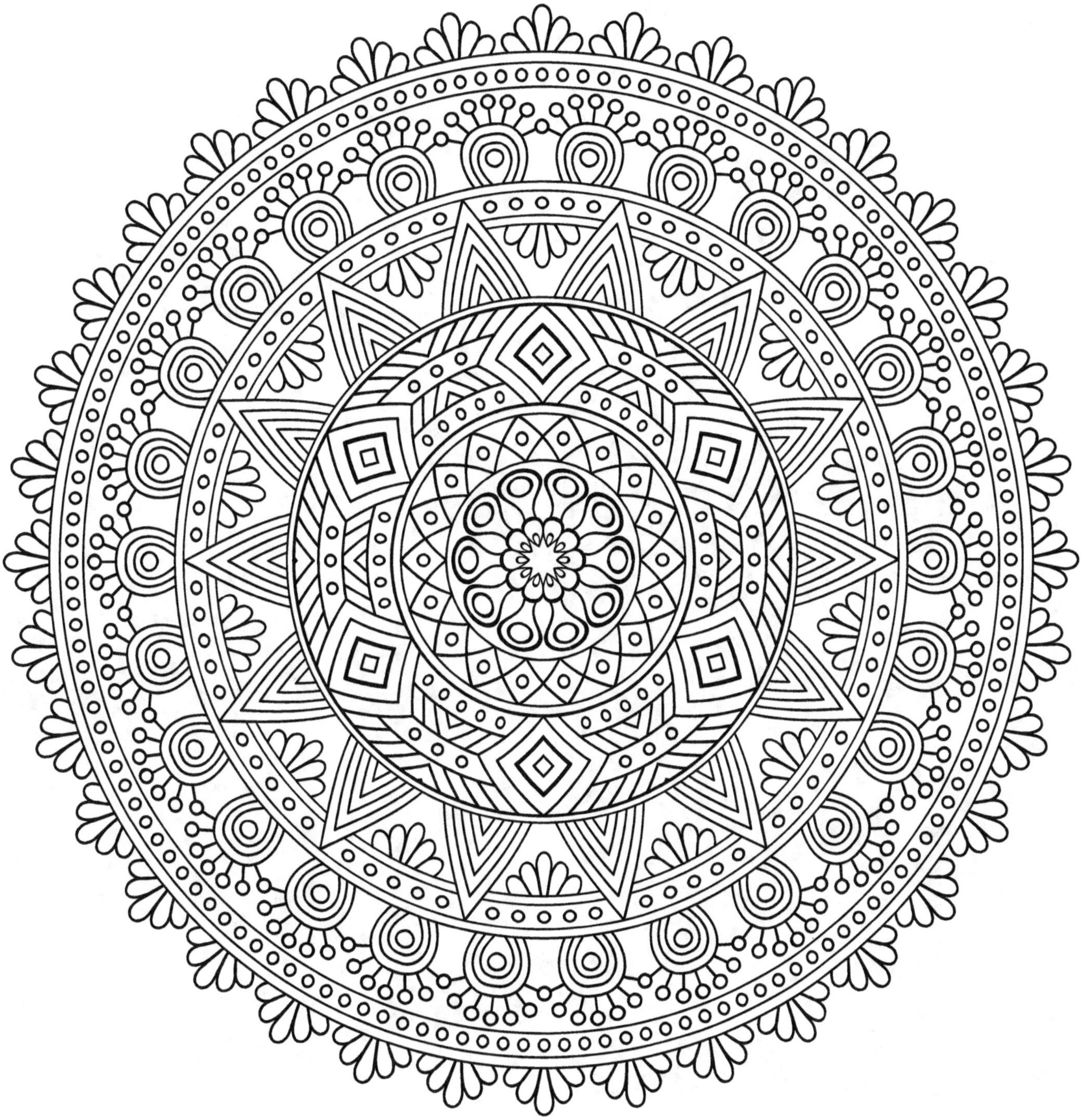

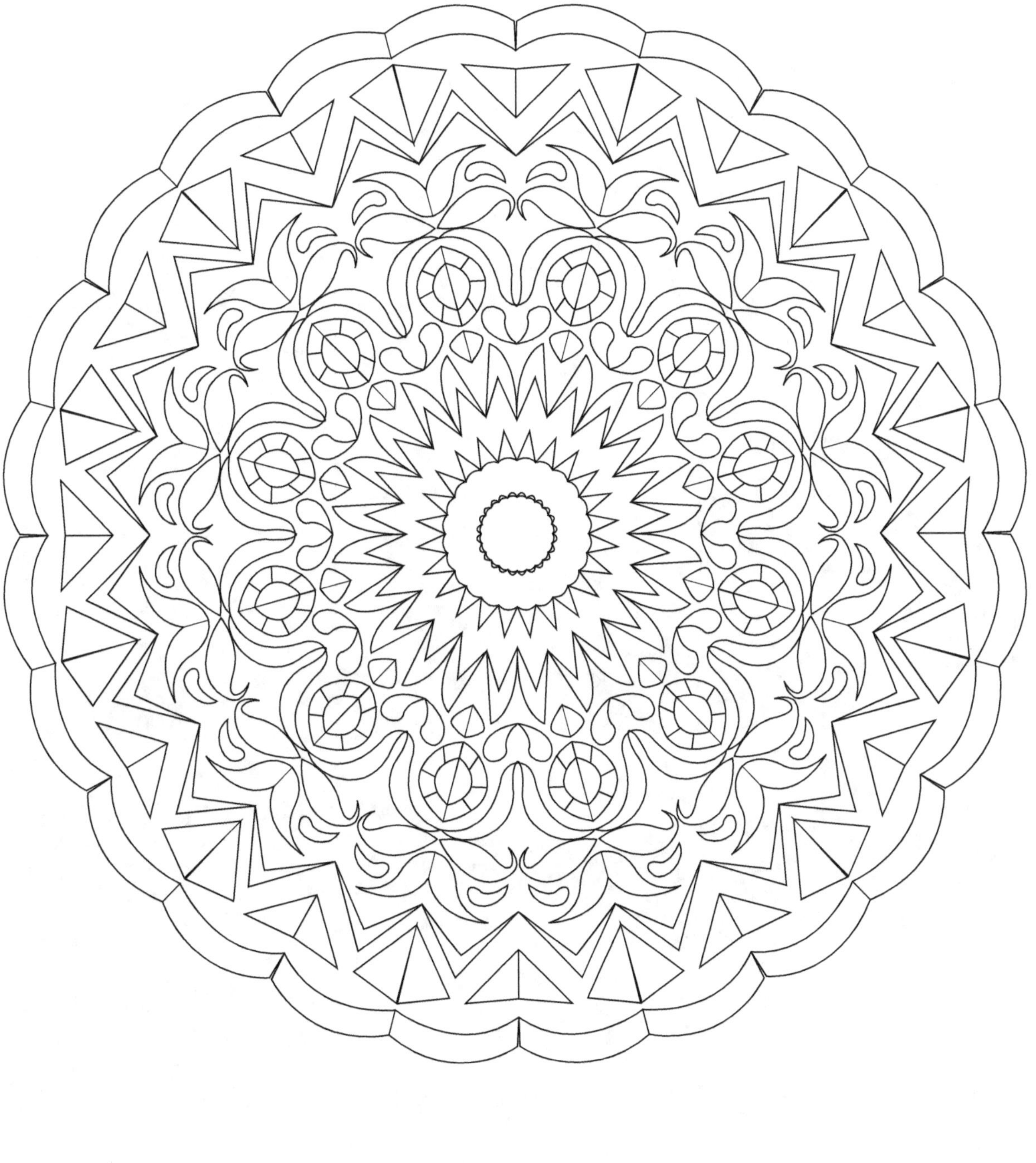

Mandala

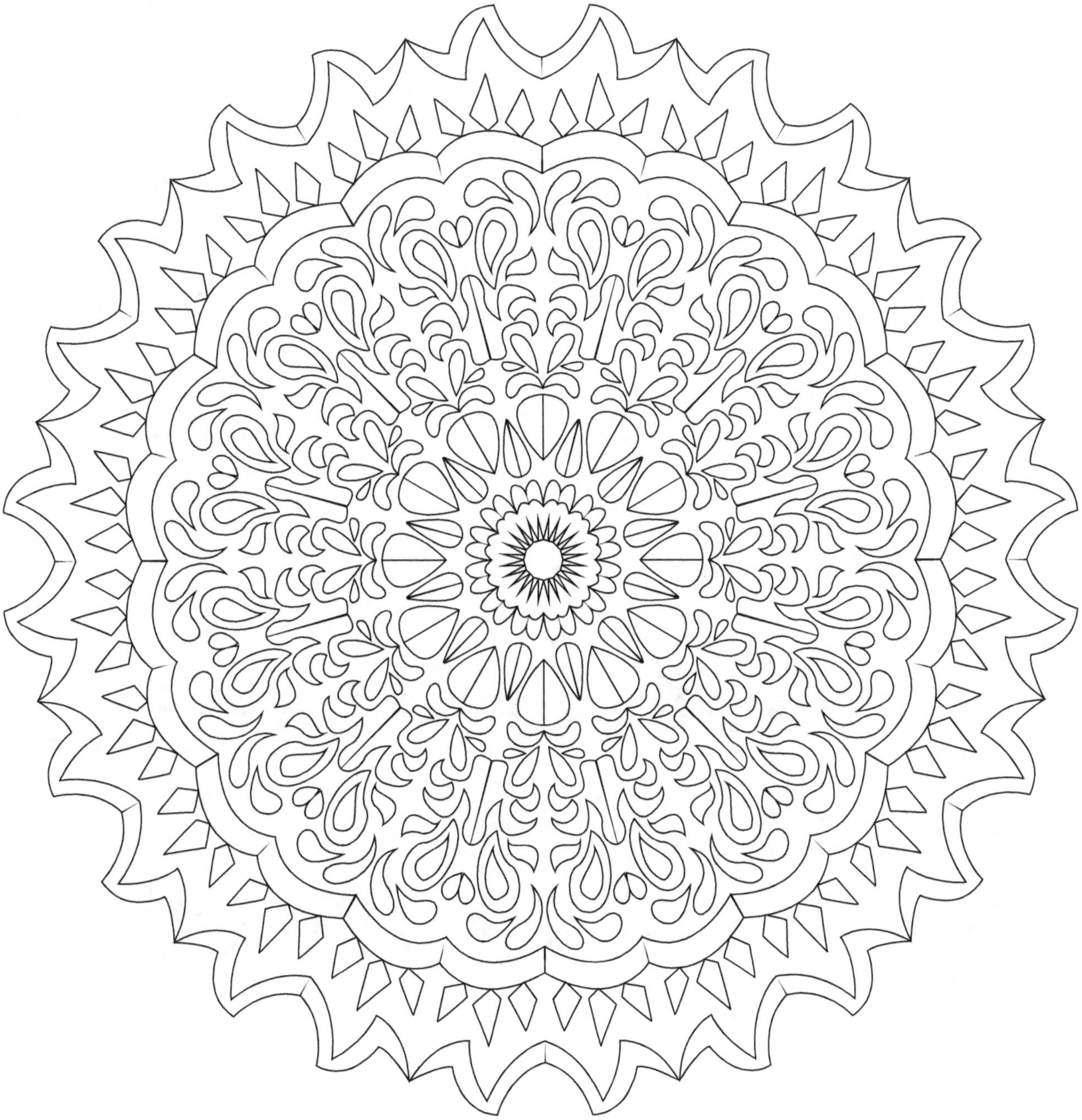

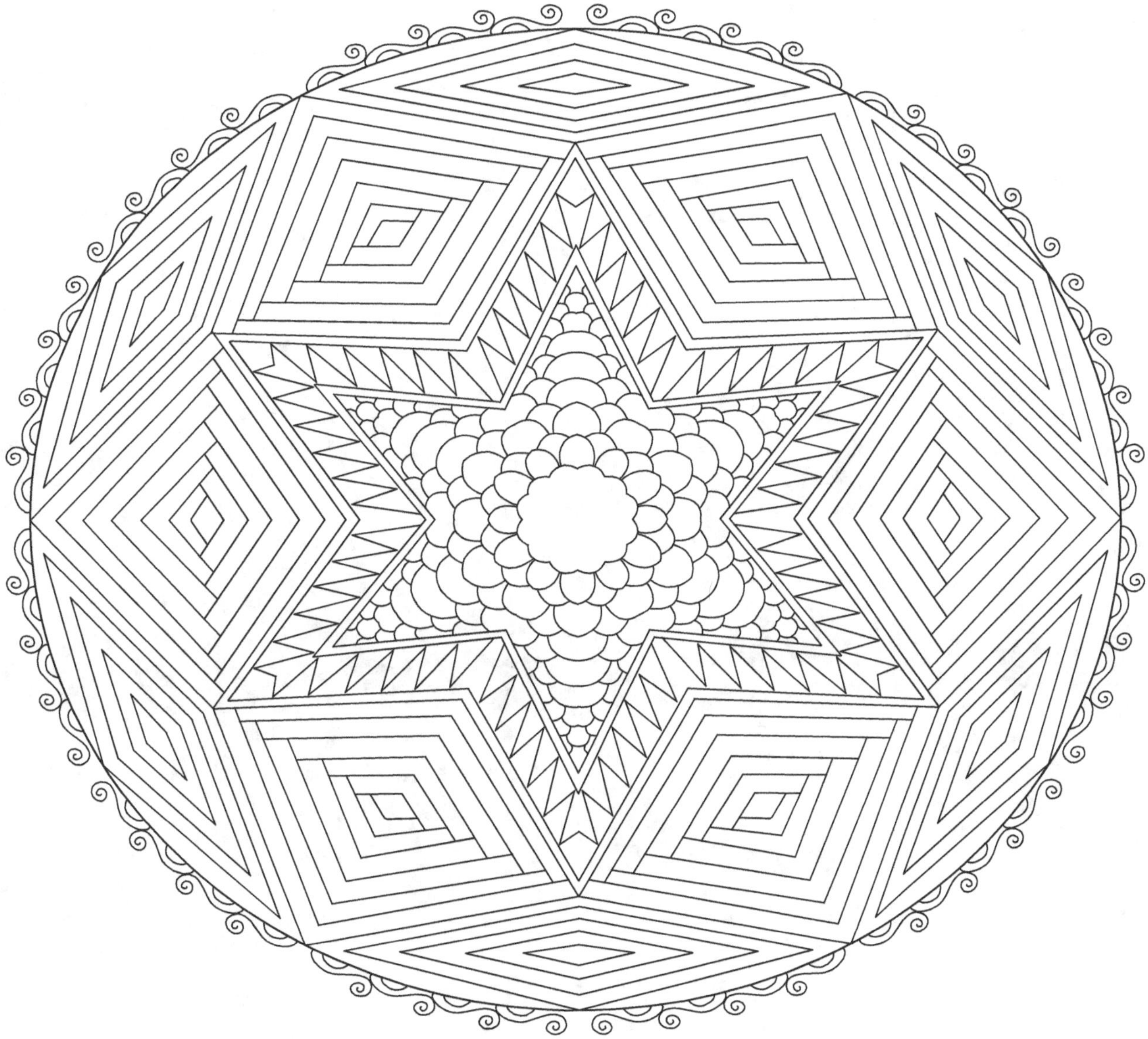

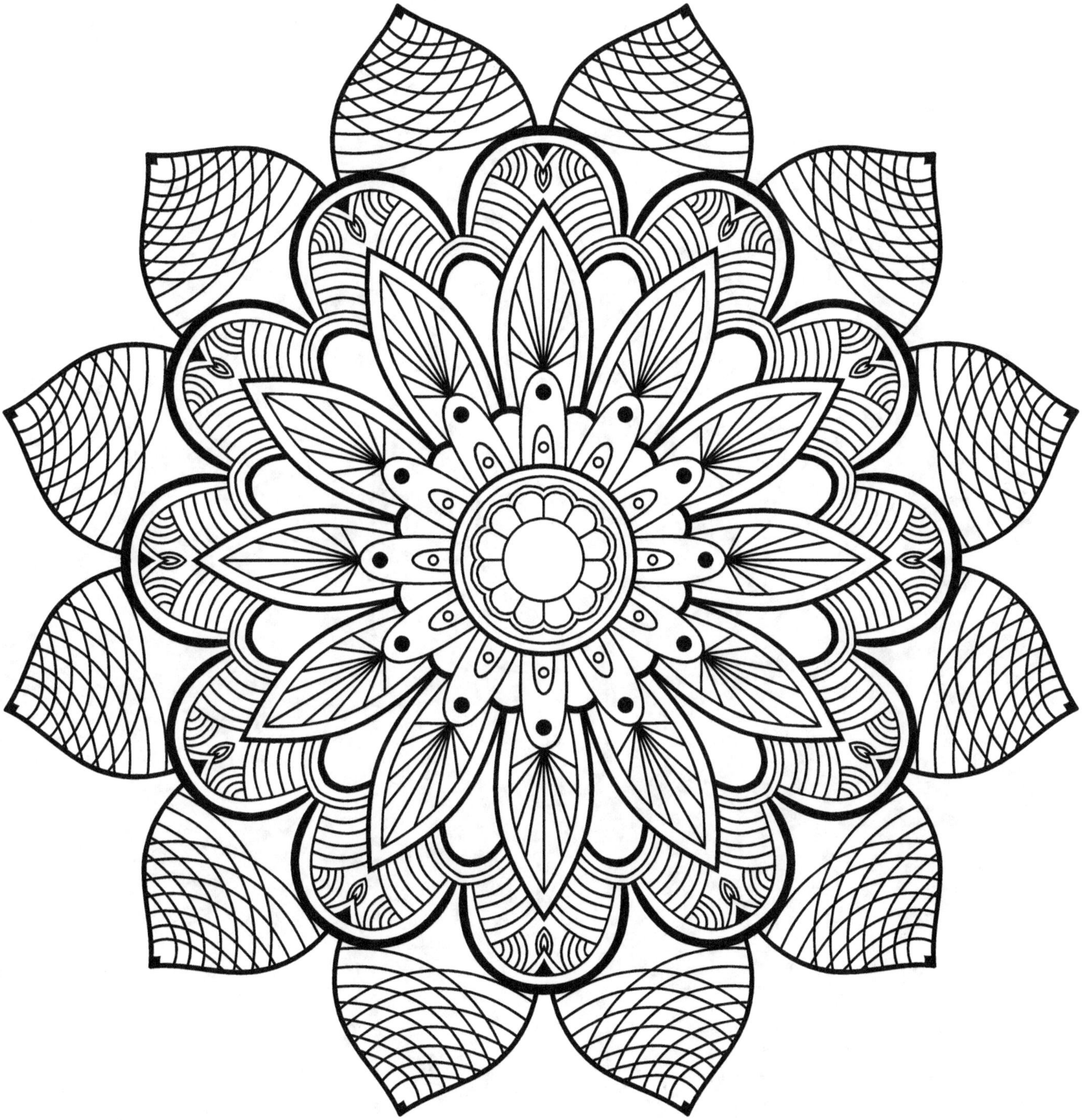

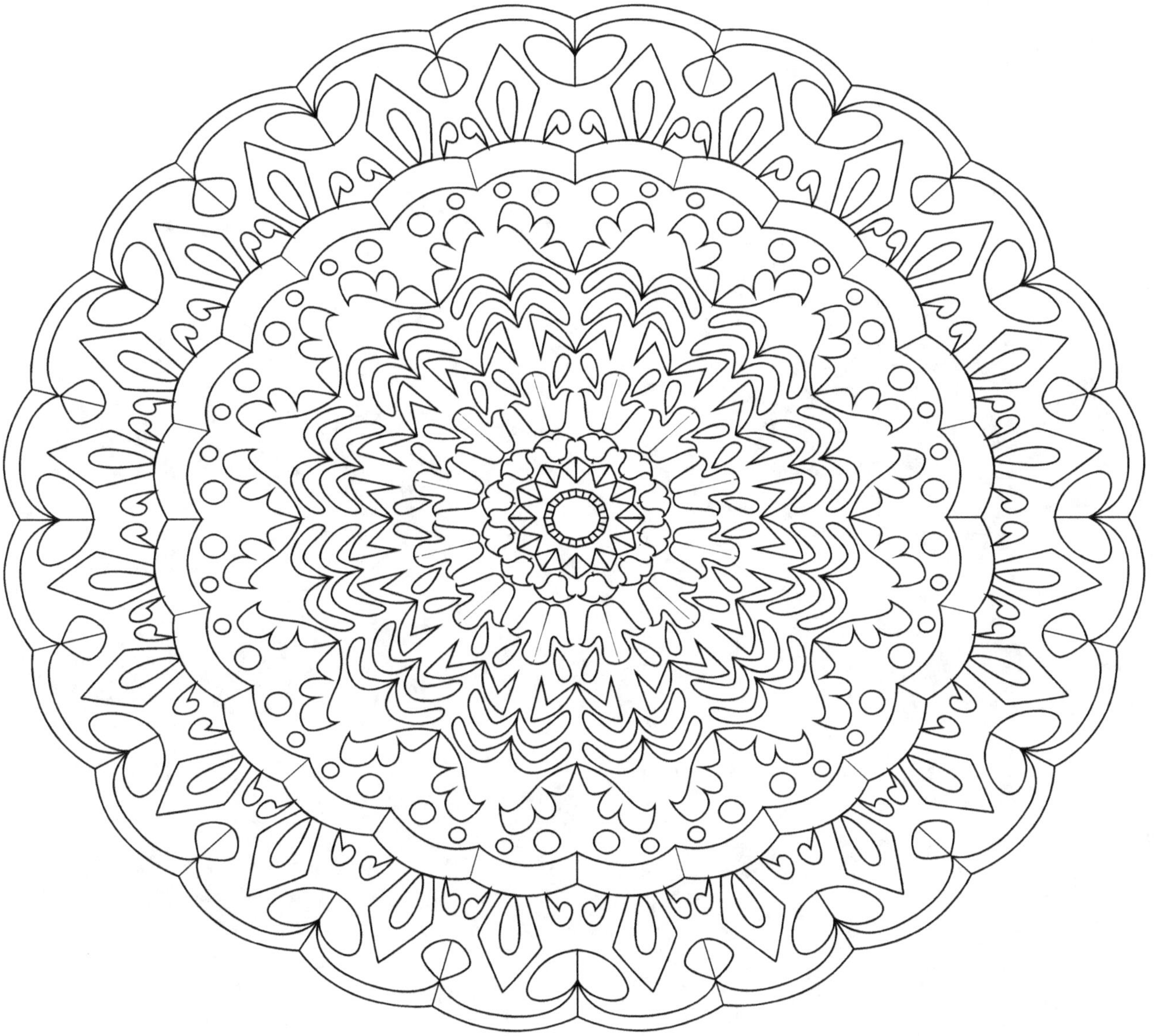

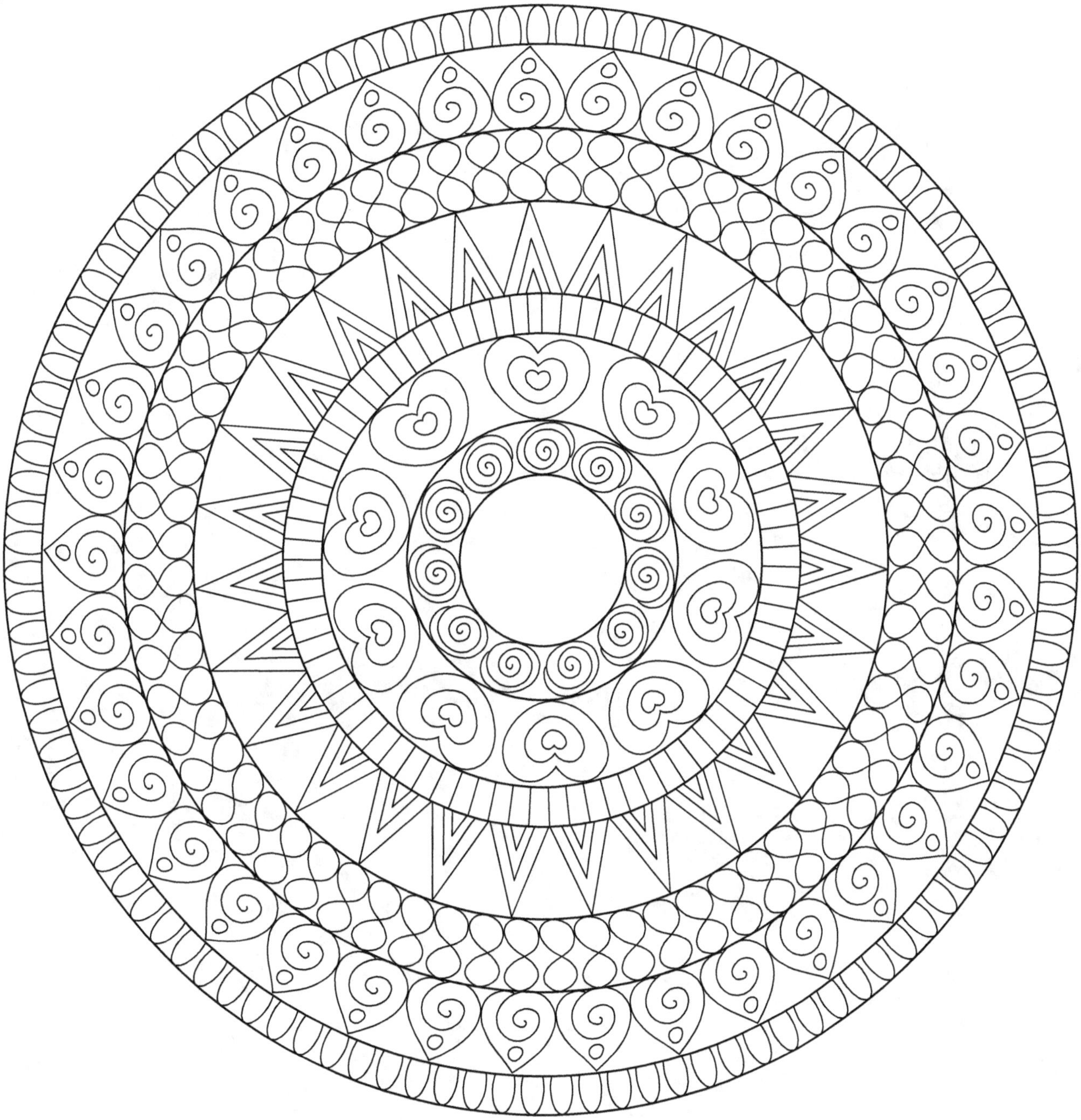

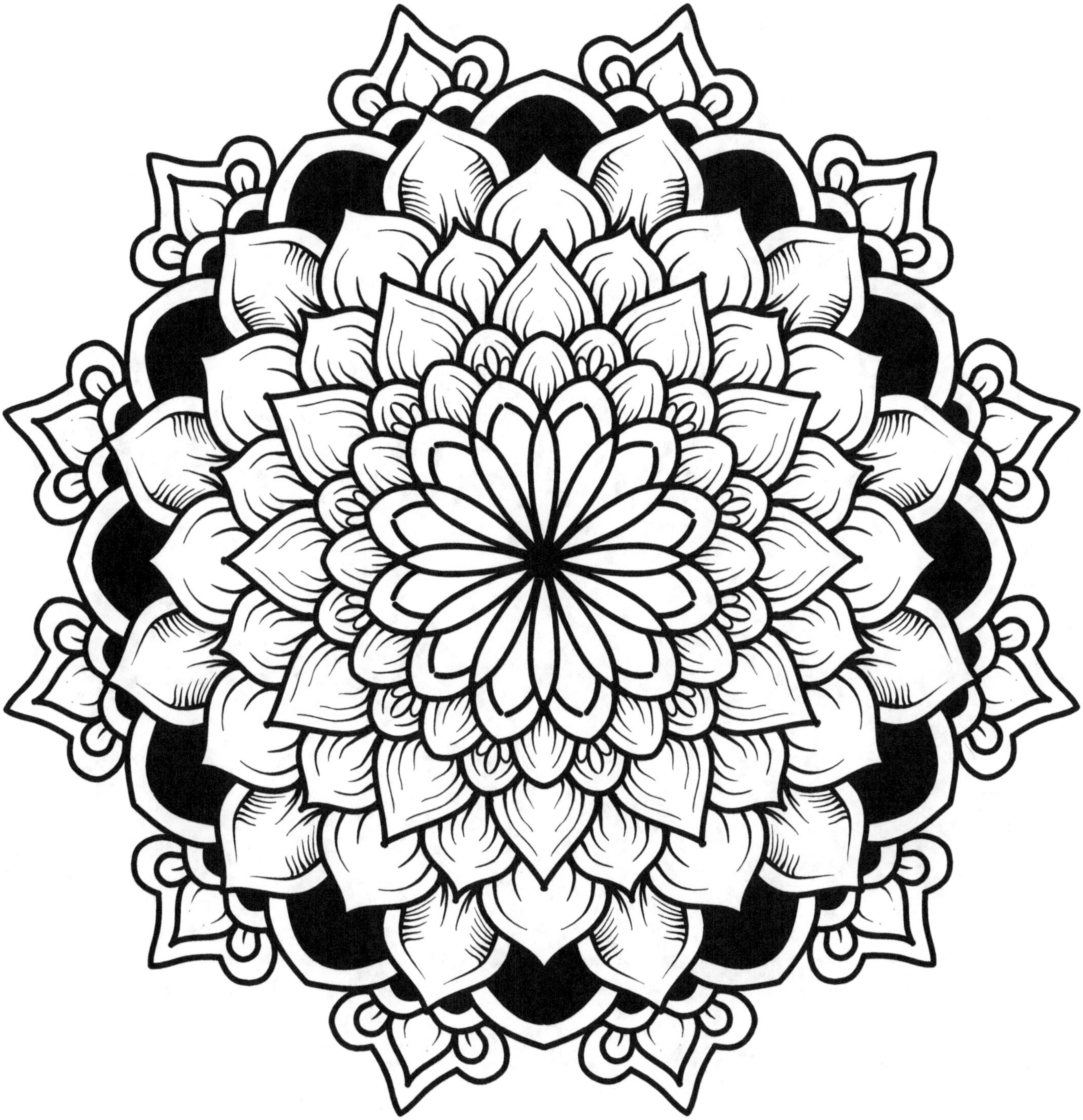

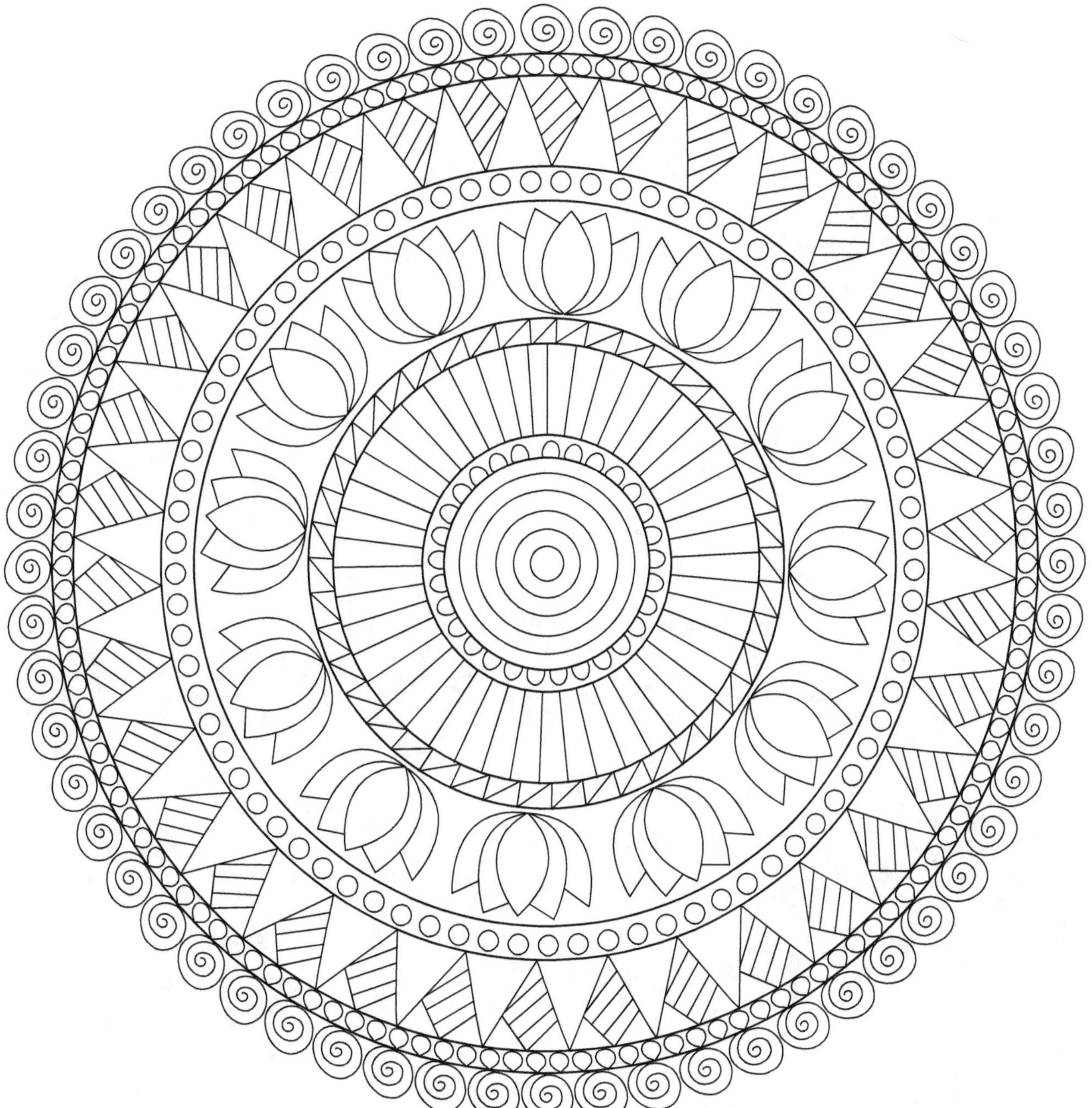

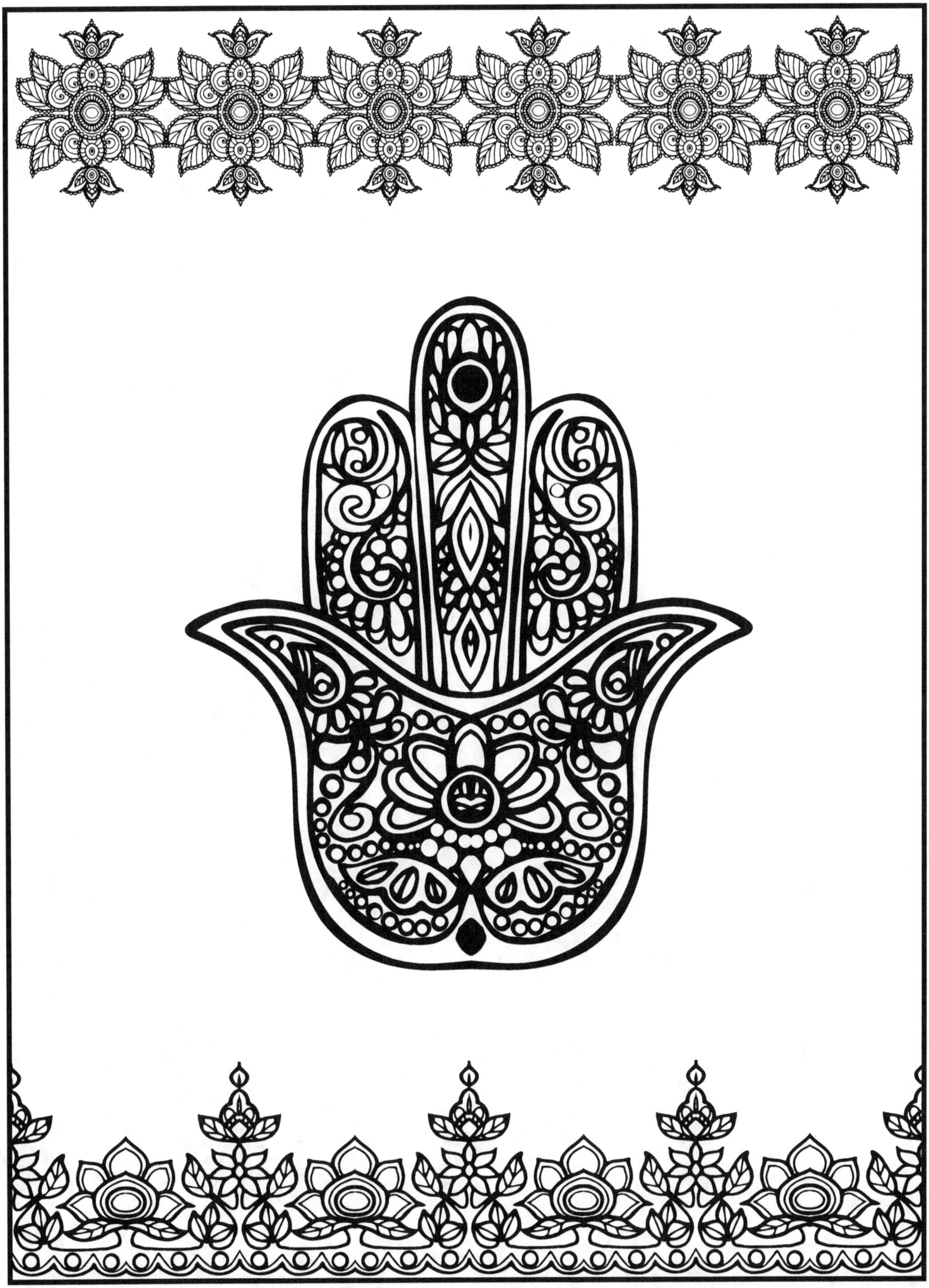

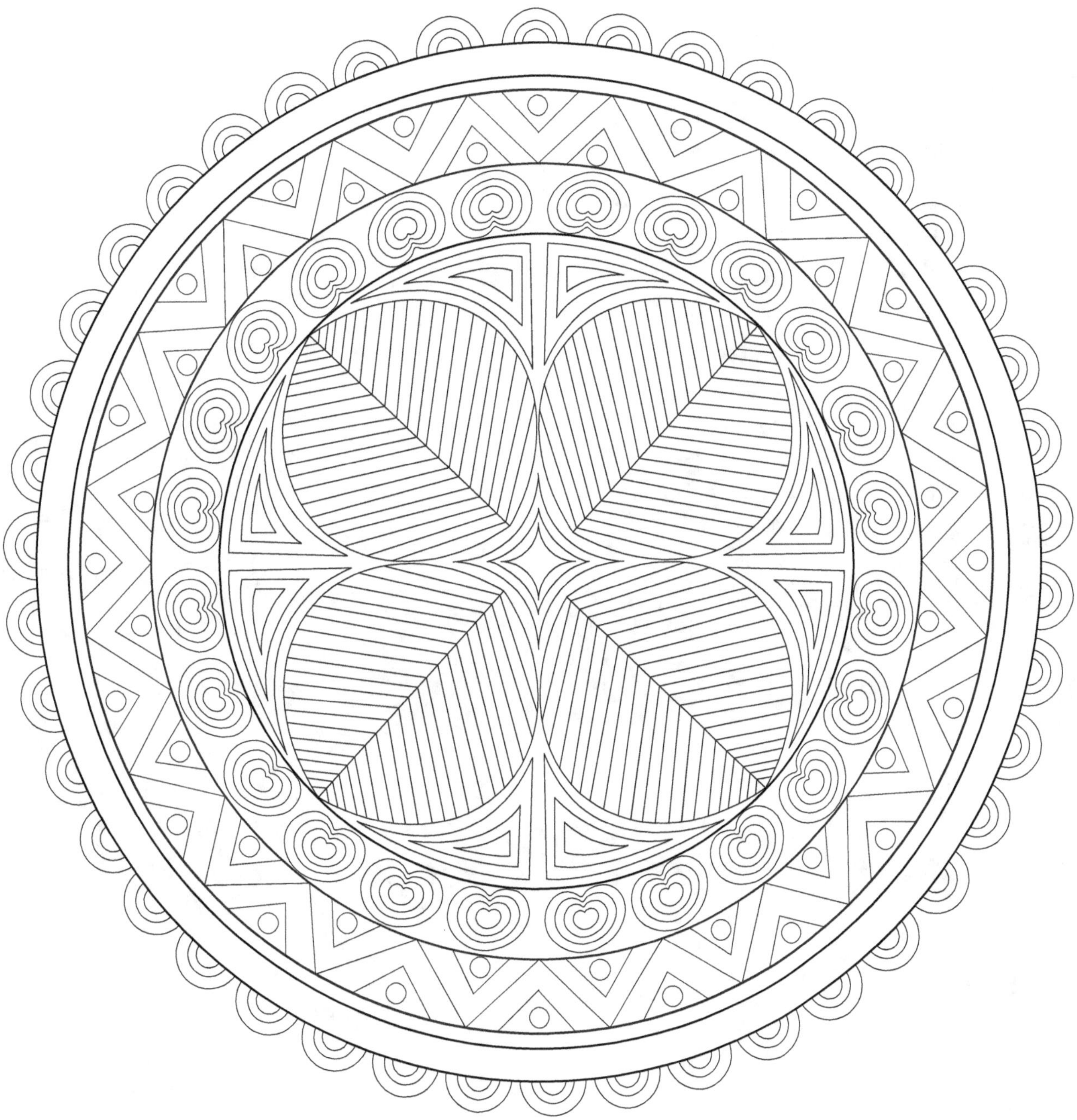

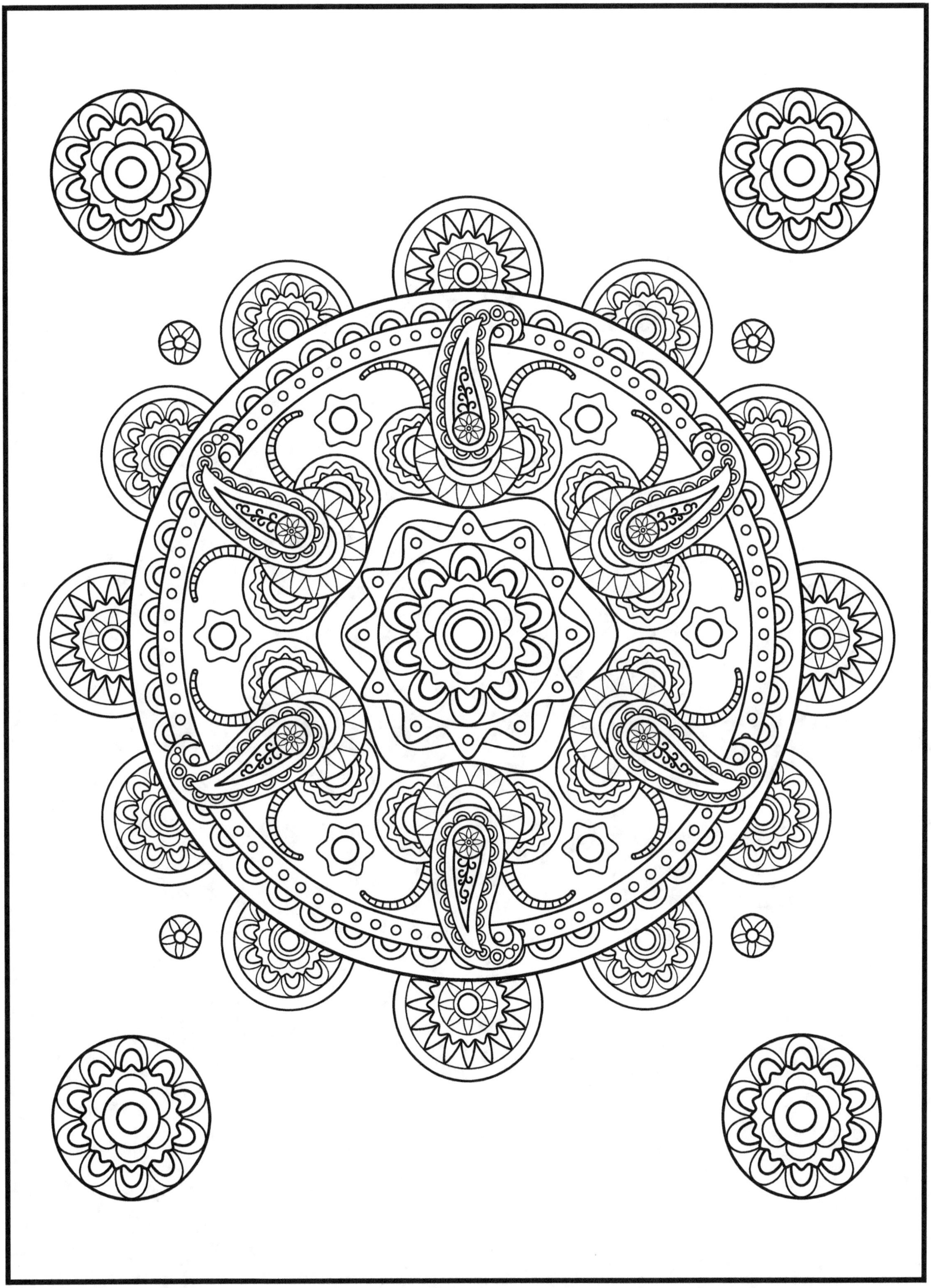

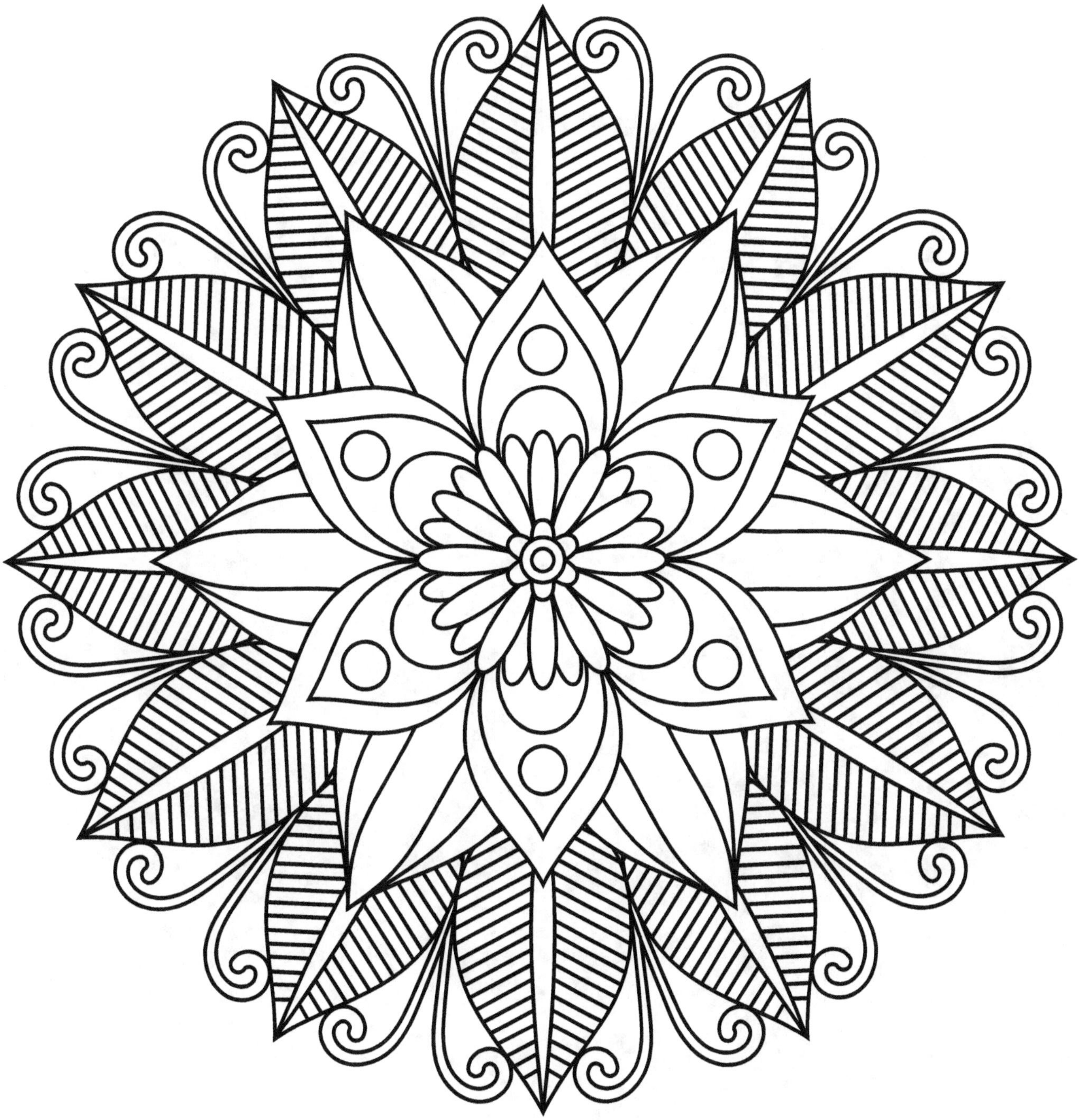

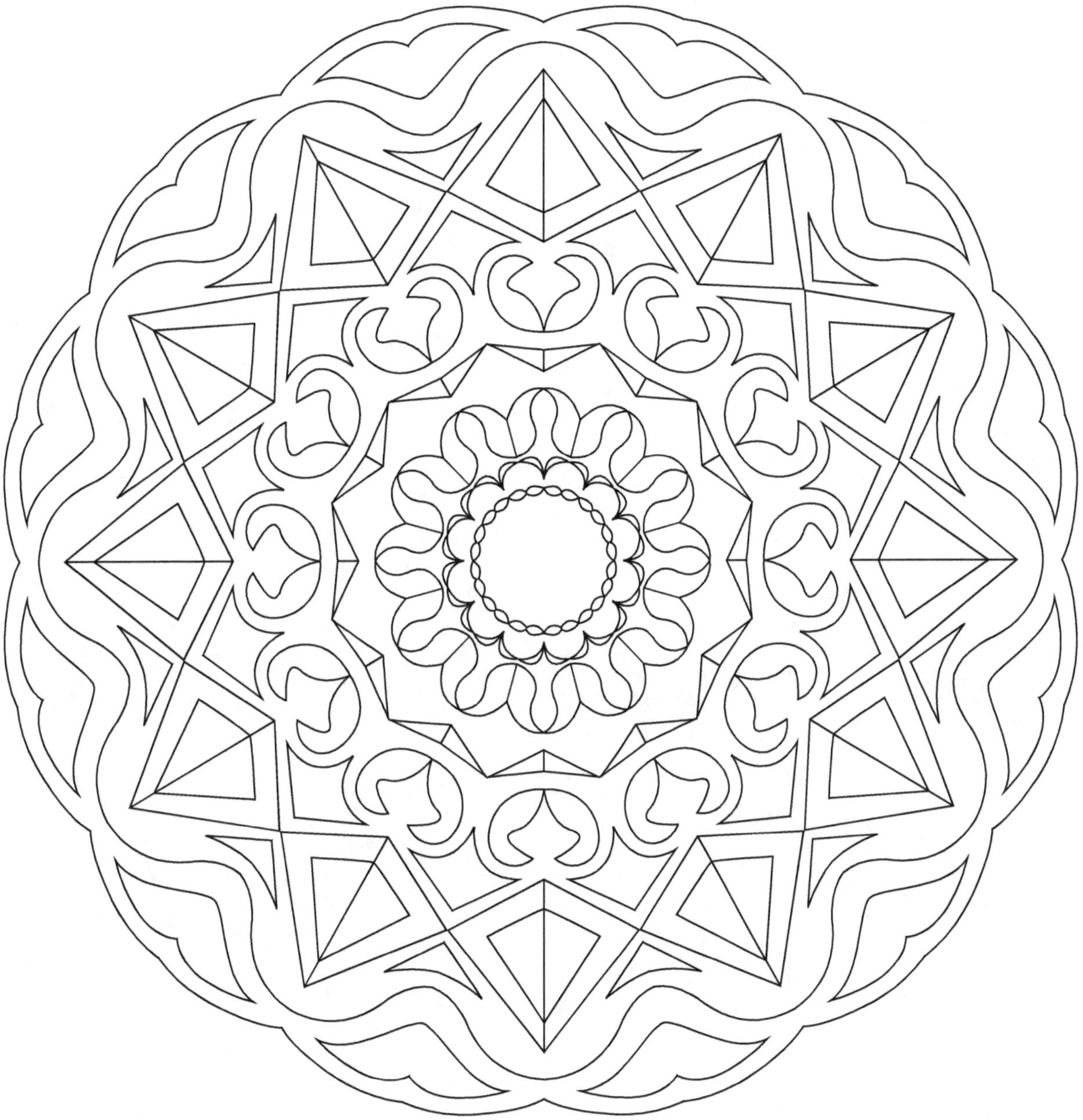

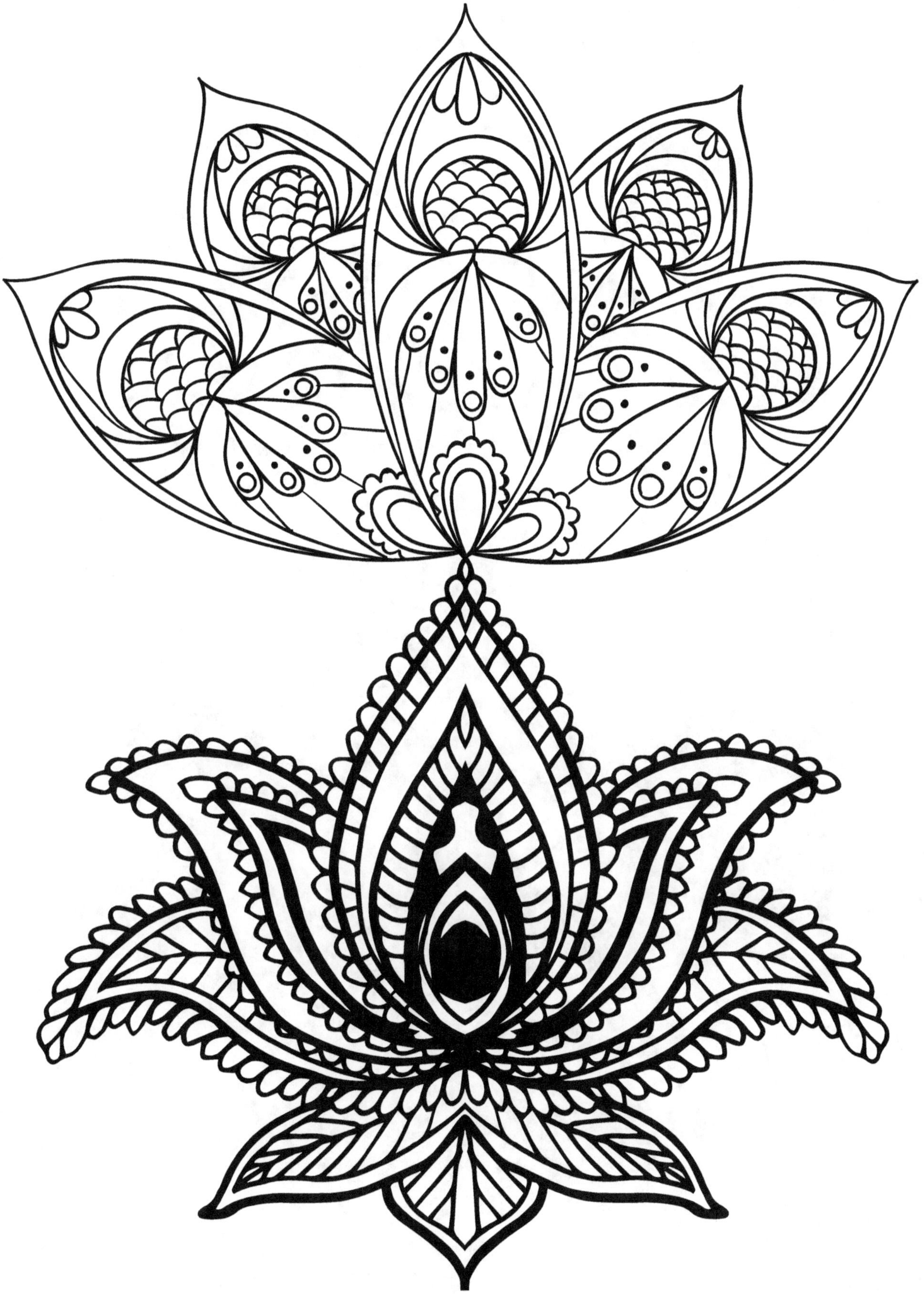

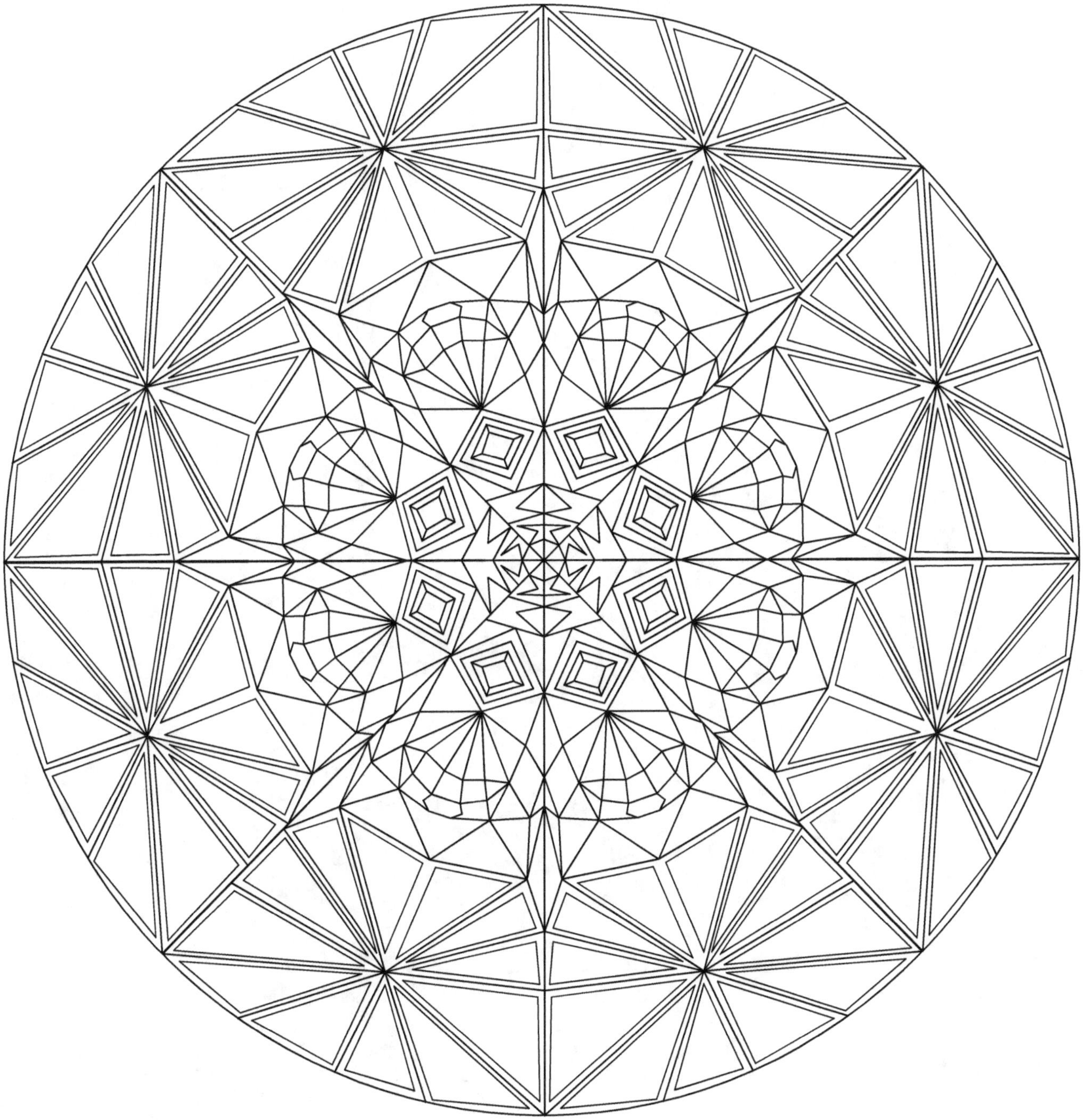

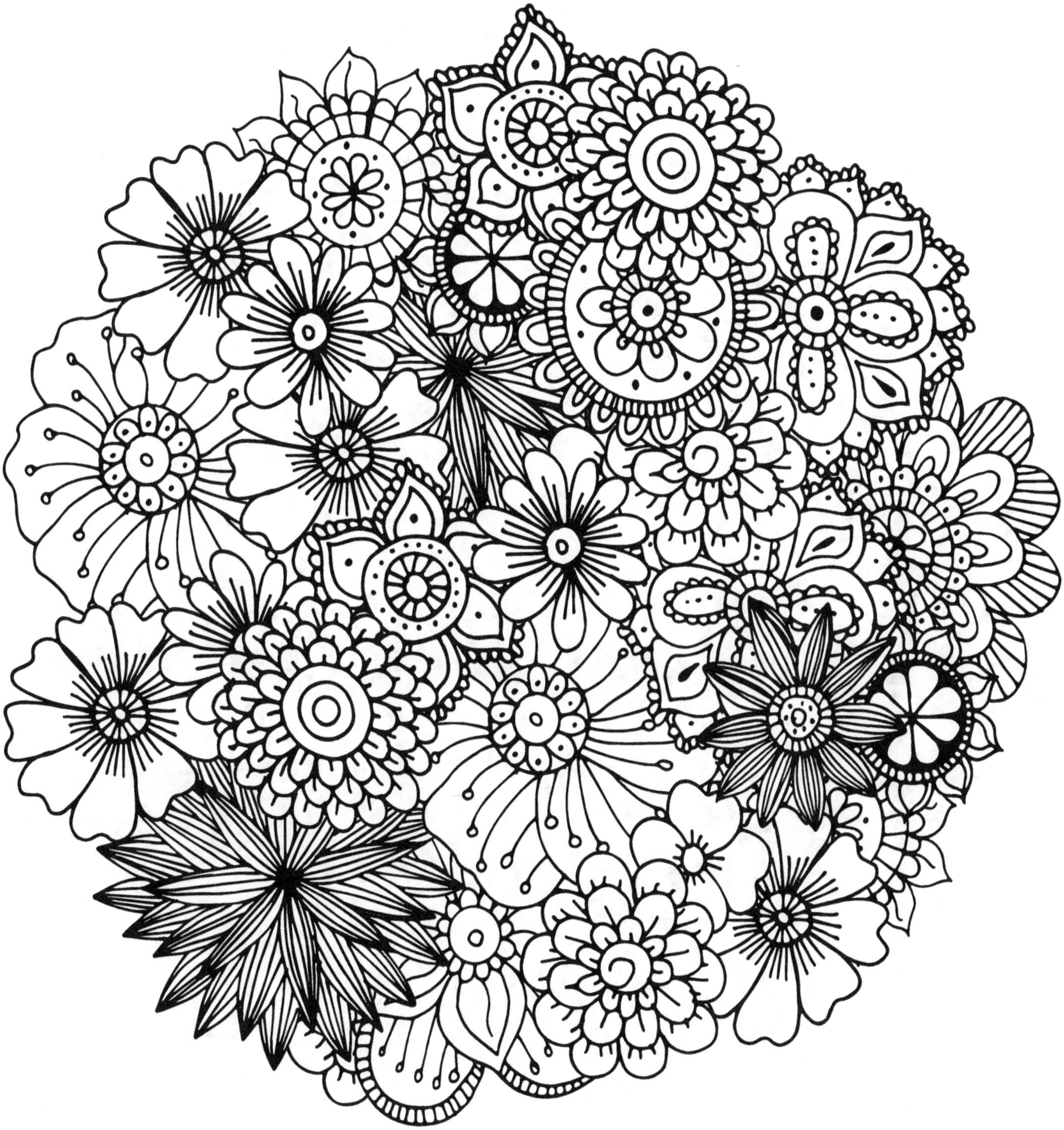

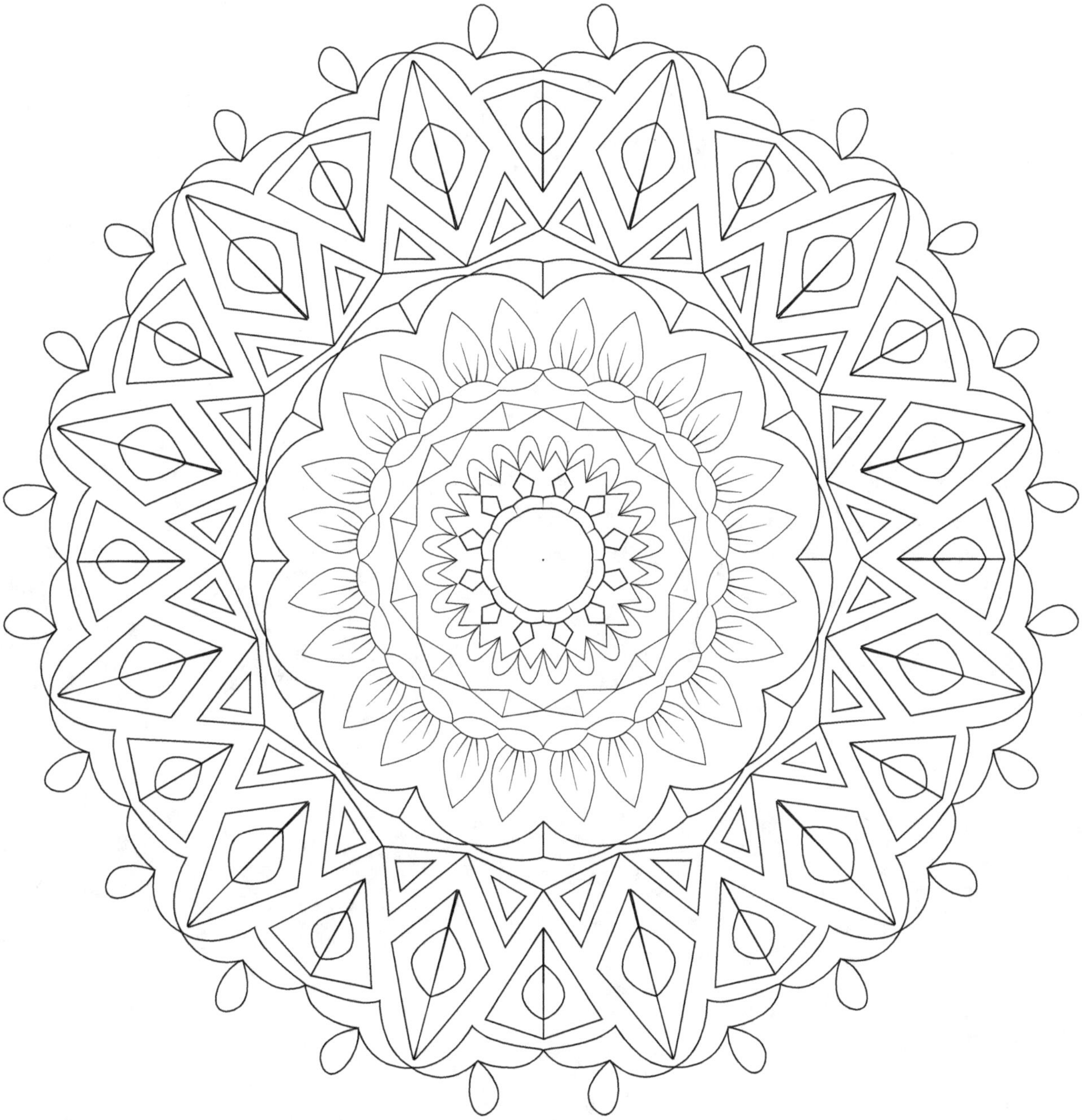

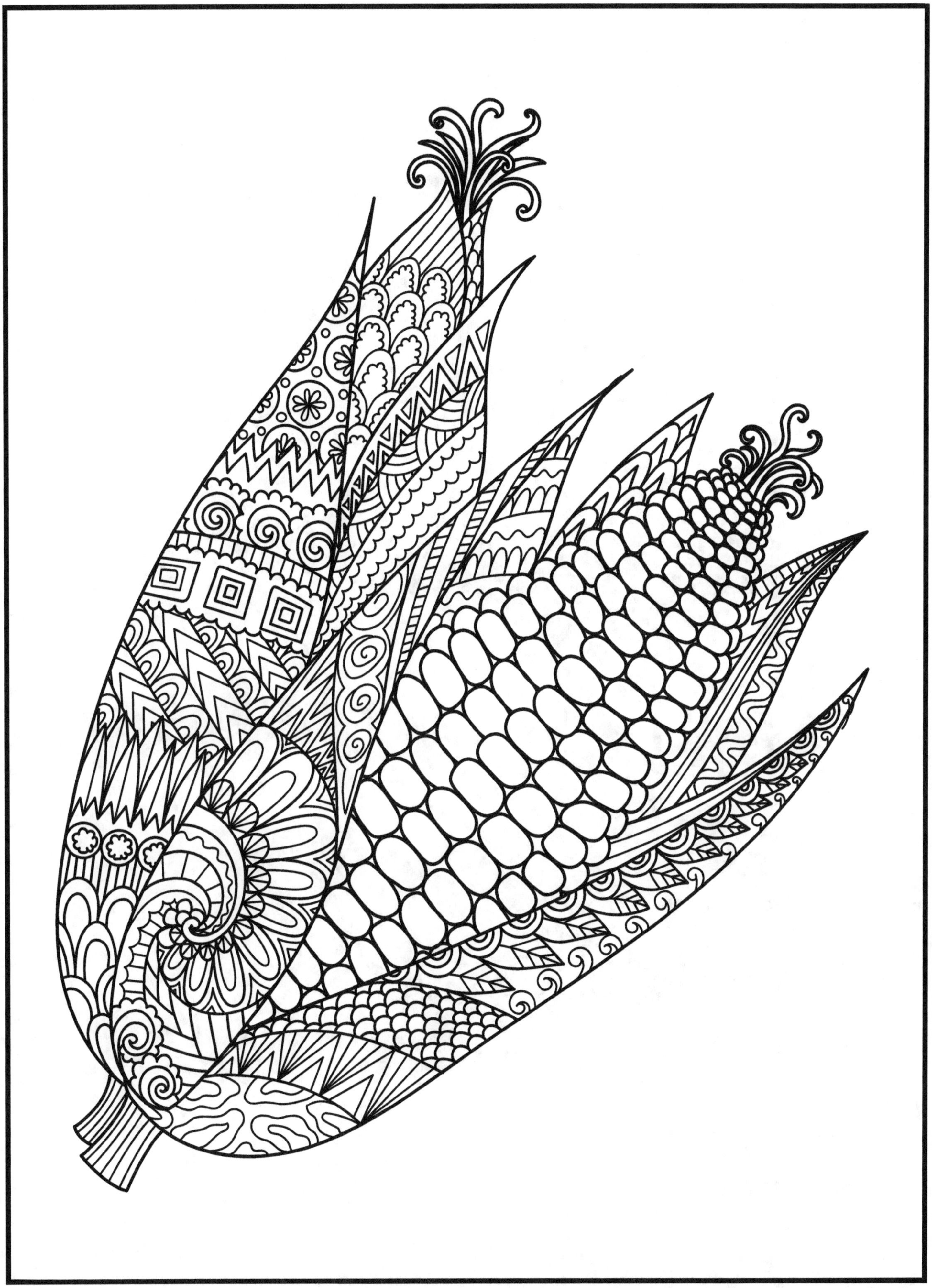

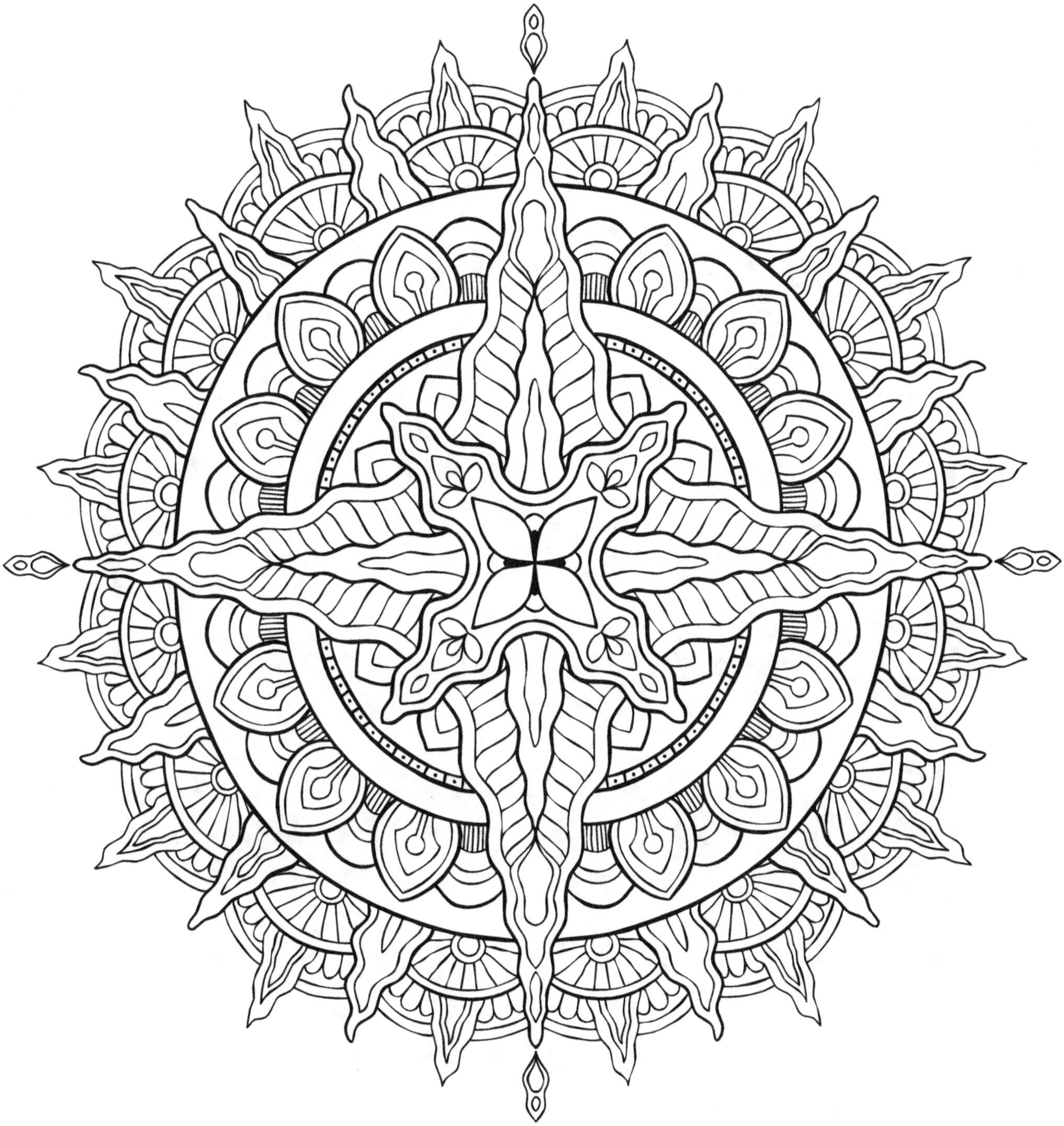

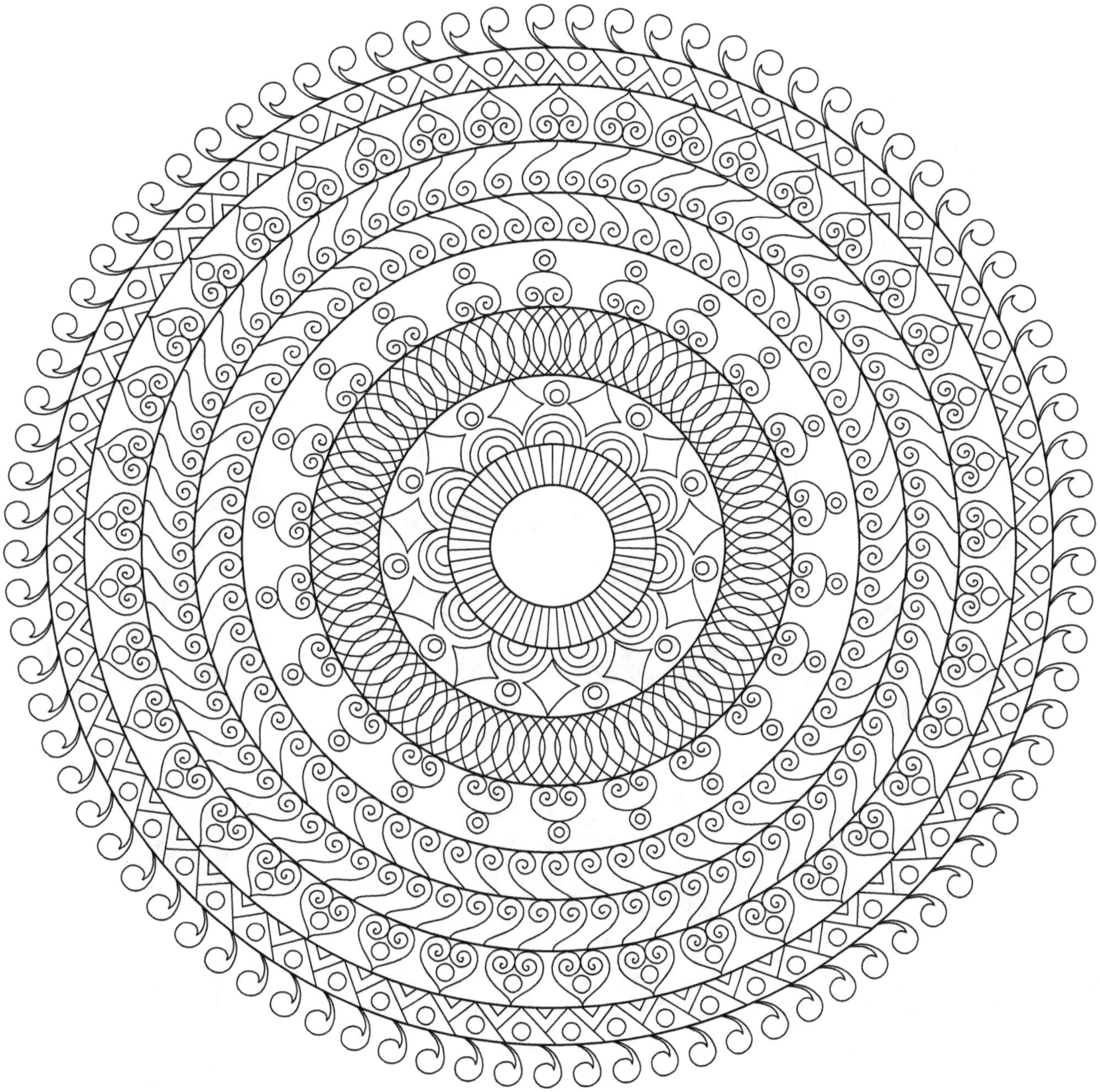

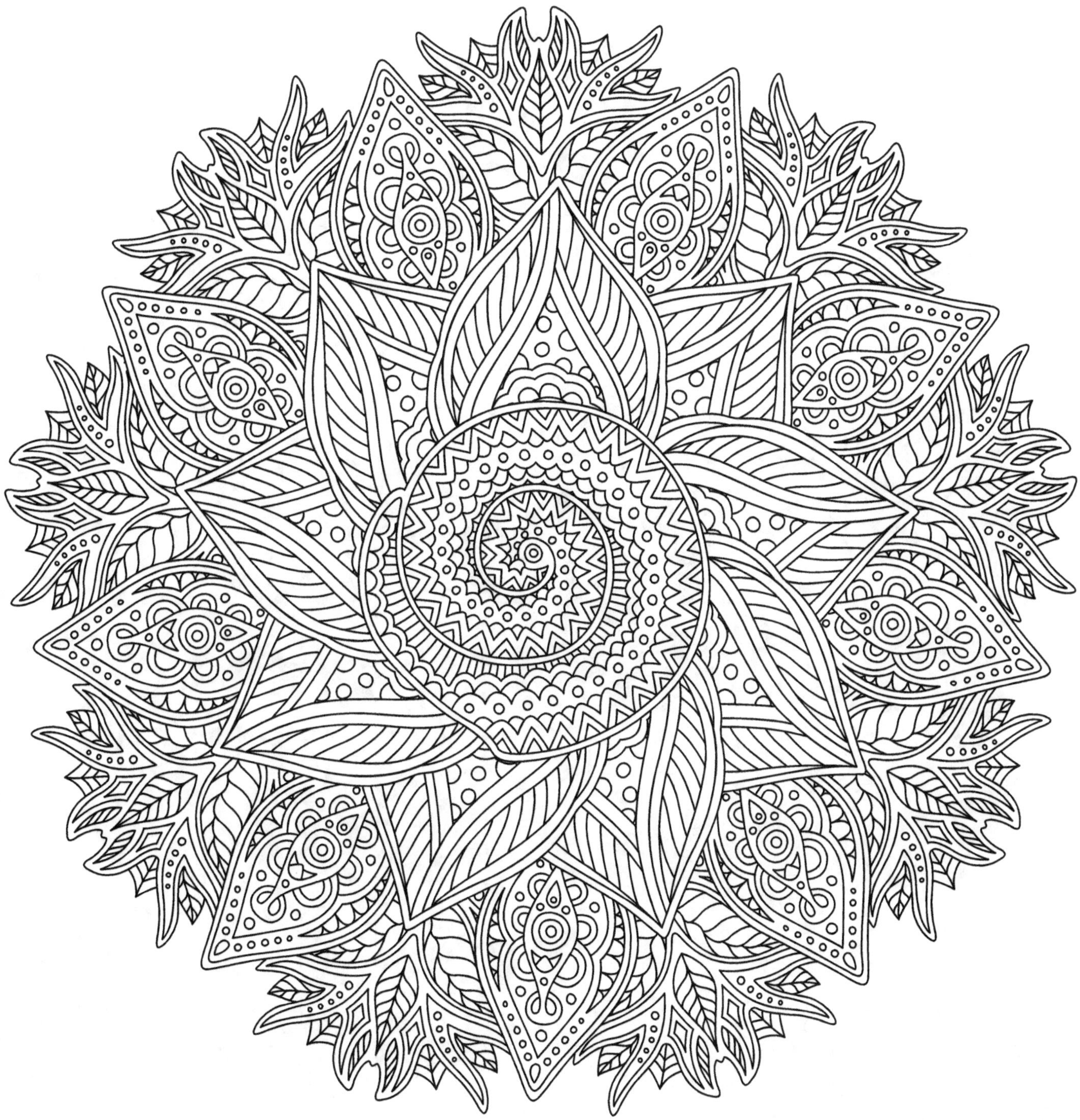

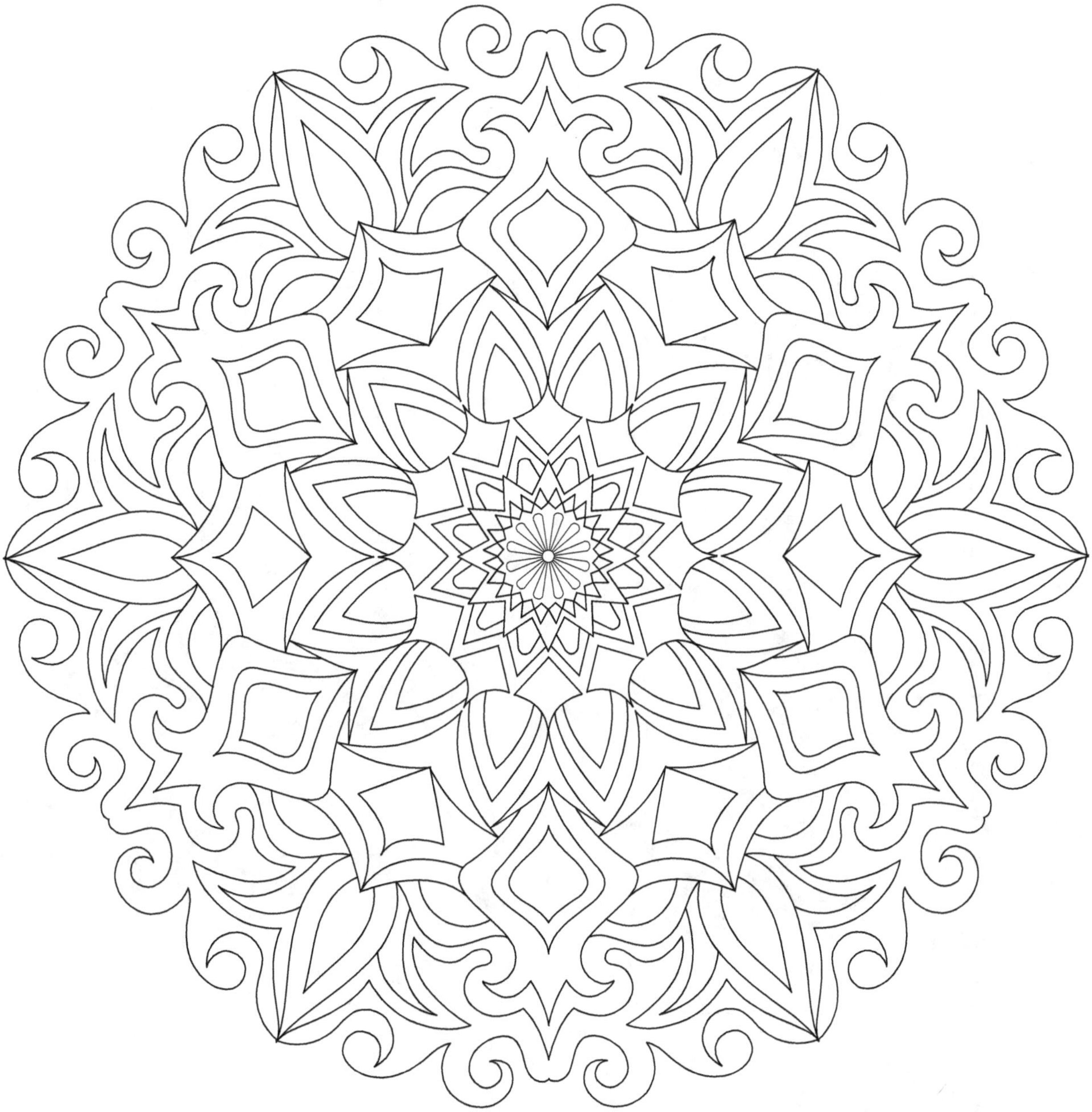

www.ingramcontent.com/pod-product-compliance
Lightning Source LLC
Chambersburg PA
CBHW060421220526
45465CB00008B/2971